失恋サバイバルマニュアル（元カレとヨリを戻さないために）

RUBÍ ASTRÒLOGAS

Alina A. Rubi

独立して公開されました。

著者: アリーナ・A・ルビ

E メール: rubiediciones29@gmail.com

編集:アンジェリン・ルビ

編集担当者:rubiediciones29@gmail.com

終わりの始まり（そして何か新しいものの始まり）

月曜日の朝、返信のないWhatsAppメッセージ、悲しい曲のリスト、温かいコーヒーの間で、人生最愛の人を失うだろうと思って目が覚める人は誰もいません。しかし、あなたはここで、少し傷ついた心、少し腫れた目、そして魂が、すでになりたくないと明言している人にもう一度書く価値がないと脳に納得させようとしています。あるいはさらに悪いことに、彼はどうあるべきかを知らないということです。

恋愛の別れには指示が伴いませんが、そうすべきです。マラソンのトレーニングのように、そのためにトレーニングするわけではありません。ウォームアップもストップウォッチもメダルもない。そこには沈黙、不安、強迫観念、そして「すべてが私のせいだったらどうなるだろう?」と繰り返す小さな内なる声だけが存在します。驚いたことに、少なくともすべてではありませんでした。

この本は、私たち全員が偽装して抱えている傷、誰かが去ったときにベッドに残す空虚さ、そして物事が期待どおりに進まなかったときに招かれざる感情の旋風から生まれます。しかし、それはまた、誰も愛で死なないという確信から生まれますが、時には涙を含むドラマメロドラマから一歩離れているように見えることもあります。

ここでは、香りのキャンドルと満月で元恋人を引き付けるための安っぽい自己啓発フレーズや儀式は見つかりません。これは、あなた以外の誰かを取り戻すためのマニュアルではありません。これは実践的なガイドであり、残酷なほど正直で、涙の合間に笑うのに必要な皮肉のタッチがあります。

痛いこと、混乱するもの、燃えるもの、手放すのが難しいことすべてについて話します。しかし、私たちはまた、私たち自身の精神的なメロドラマについて、デジタルスパイ活動に精通した探偵のように見守った時代について、そして最終的に取り残されるべき人々をブロックした輝かしい瞬間についても少し笑うつもりです。

なぜなら、確かに心は壊れるかもしれませんが、新しいレンガ、より良い選択、そして愛情を懇願したいゼロで再建することもできます。そして、別れに良い点が１つあるとすれば、それは、より強さ、より明確になり、ドラマを大幅に減らして、あなたの元に戻るために必要な後押しになる可能性があるということです。

あなたの再生へようこそ。ここから故郷への旅が始まります:あなた。

その瞬間の痛みと困難を認識する

痛いことを受け入れることが第一歩ですが、すでにすべてがうまくいっている部分にまっすぐスキップしたくなり、友人とワインを飲みながら「ありがたいことに残ってしまった」と笑いながら、何が起こったのかを笑います。しかし、いいえ、乾杯の前に秋がやってきます。そして、それを否定することはさらに傷つくだけです。あなたは誇張しているわけでも、弱いわけでもないし、脚色しているわけでもありません。たとえ棺や花がなくても、誰もあなたに哀悼の意を表してくれなかったとしても、あなたは本当の喪失を経験しています。

心は論理や「もっと良い人が現れるだろう」などの善意のアドバイスを理解しません。彼が理解しているのは、あなたの日常生活の一部だった誰かがもうそこにいないこと、ルーチンが破られたこと、将来の計画が所有者のいない風船のように空中に浮かんだままになっているということです。そしてそれは痛いです。なぜなら、愛は体、時間、夢、そして信頼に投資されているからです。そしてそれが壊れると、絆が壊れるだけでなく、領収書を頼まずに与えたあなたの部分も壊れます。

ベッドから起き上がるのがすでに偉業である日もあります。口論よりも沈黙の重みがある瞬間。頭の中で彼の声が聞こえたり、慣性で彼のネットワークをチェックしたり、少しでも痛いかどうかを調べるために彼に電話したくなったりしても、あなたは頭がおかしくありません。あなたは、あなたがその場所にいることを認識しなければなりません、その不快な穴の中に、それが空気を動かし始めるものです。名前が付けられたものが変形するからです。

それは簡単ではありません。速くもない。しかし、たとえ自分の感じが気に入らなくても、あなたはここにいます。そして、それはそうは思えないかもしれませんが、抵抗の一形態です。なぜなら、感じる人は生きているからです。そして燃えてもあえて感じる者…彼らはこれまで以上に強くなります。そうです、あなたは混乱の真っ只中にいます。そして、信じられないかもしれませんが、それは良い兆候です。なぜなら、混沌から最も強力な転生が生まれるからです。

警告: この道は簡単ではありませんが、可能であり、それだけの価値があります

最初からはっきりさせておきたいのは、これは魔法のレシピでも、あたかも感情的なスパムであるかのように元恋人を記憶から消すための絶対確実な呪文でもありません。ある日から次の日へと空白を切り取る近道やインスピレーションを与えるフレーズはありません。あるのはプロセスです。長く、時には醜く、ほとんど常に不快です...しかし、絶対に必要です。

つまずくことになる。歌、思い出、場所、消す勇気がなかった古いメッセージ。感情が再発したり、「それほど悪くなかったかもしれない」日々、「犬の様子を確認するためだけに手紙を書いたらどうなるだろう」と思いつくでしょう。気楽に。それはすべて旅の一部で

す。この道はまっすぐでも、きれいでも、インスタ映えするものでもありません。しかし、それはあなたのものです。

諦めたい時もあるでしょう。帰る。既知の悪に。ぬるま湯に。それはあなたに平和を与えませんでしたが、少なくともそれはあなたにとって馴染みのあるものでした。そして、その感情の曲線のすぐそこが、なぜカミングアウトしたのかを自分自身に最も思い出させる必要があるときです。なぜなら、あなたにはそれだけの価値があるからです。なぜなら、あなたはもっと価値があるからです。なぜなら、愛することは毎日傷つくべきではないからです。

はい、私は残酷な誠実さであなたに言います:あなたは泣くでしょう。しかし、あなたはまた笑うでしょう、そしてあなたは眠っていることさえ知らなかった自分の部分を発見するでしょう。あなたは、もはや感情のパンくずに甘んじたり、注目を集めるためにひざまずいたりしない、新しいバージョンの自分を構築することになります。

ですから、もしあなたが後戻りしていると感じたら、これを覚えておいてください:癒しは直線ではありません。不器用なダンスです。そして、すべてのステップは、たとえあなたが後戻りしていると思うものであっても、あなたに何かを教えています。それは簡単ではありません。しかし、私が言うとき、信じてください:それは可能です。そして何よりも、それだけの価値があります。なぜなら、道の終わりには元恋人はいないからです。そこにはあなたがいます。より生き生きとしていて、より強く、より自由です。

現実を受け入れる：癒しへの第一歩

否定とショック：なぜそんなに痛いのでしょうか？

関係が終わったとき、心の最初の本能は「こんなことは起こっていない」と言うことです。あなたの頭はそれを知っており、無視されたメッセージはそれを裏付けており、あなたの友人でさえ、それがあなたにとって都合が悪いとすでにあなたに言っています。しかし、あなたの中には、あたかもそれはすべて宇宙的な誤解であり、その人はいつでも悔い改めの顔と安っぽい花束でドアをノックするだろうと確信しているかのように抵抗する部分があります。

否定は臆病ではなく、自己防衛です。それは何かが壊れたときの魂の出現の様式であり、魂はまだ自立する方法を知りません。そして、役に立たないように思えるかもしれませんが、その否定もプロセスの一部です。問題は、あまりにも長くそこにとどまり、不当なことを正当化し、傷ついたものを理想化し、明白なことを否定することです。

一方、ショックとは、今日が何日なのか、なぜ体の重さがそんなに重いのかもわからずに天井を見つめているような空虚さです。愛していると主張した人が今、なぜ「こんにちは」すら答えないのか理解できないのは、心の覚醒状態です。まるで魂が壁に正面衝突し、体はまだ自動操縦されているかのようです。

そしてそれは痛いです。もちろん痛い。弱いからではなく、ギャンブルをしたからです。時間、夢、優しさを与えてくれたからです。なぜなら、あなたは未来を投影し、その未来が目の前で崩壊したからです。最も痛いのは、必ずしもその人の不在ではなく、あなたが彼らと一緒に想像していたすべてのものが崩壊することです。

現実を受け入れるということは、すぐに泣くのをやめたり、鏡の前でヨガやアファメーションをするために飛び出したりすることを意味するものではありません。受け入れるということは、フィルターなしで自分自身を見つめ、「はい、もう終わりました。彼は戻ってこない。そして、たとえ痛くても、私は続けるつもりです。」届かないメッセージ、存在しないハッピーエンド、希望を装った言い訳に過ぎない兆候を待つのをやめることです。

受け入れることはあきらめないことです。権力を取り戻すためだ。なぜなら、かつてのものとの戦いをやめると、あり得るものを構築し始めるからです。まだ方法がわからなくても。最初は震えながら歩いても。最初の一歩は確実に踏み出されるわけではありません。

それは勇気を持って与えられます。そして、あなたはそれを理解しました。今日は見なくても。

自分自身に感じることを許す: 感情(悲しみ、怒り、恐怖、混乱)を検証する

誰もが「乗り越えようと急いでいる」ように見える世界では、立ち止まって泣くことは弱点のように感じることがあります。しかし、そうではありません。それはあなたが生きているというサインです。そしてさらに重要なことは、たとえそうではないように見えても、それはあなたが癒されているというサインであるということです。自分自身を感じることは、ドラマに沈むことではなく、麻酔なしで感情の橋を渡ることを果敢にすることです。それは痛いものにスペースを与えているので、不眠症、不安、または誤った方向の怒りを装った体に閉じ込められないようにします。

悲しみは潮のようにやって来ます:静かで、絶え間なく、止められません。そして、それは大丈夫です。失敗しているのは、見逃したり、泣いたり、呼吸が痛いからではありません。あなたは悲しんでいます。あなたは人生の一部に別れを告げています。それを最小化しないでください。あなたが感じたことは、相手が何事もなかったかのように去ったとしても、本物でした。

そして怒りが来る。心の中で燃え上がり、時には皮肉や携帯電話を壊したいという願望に偽装するもの。あなたが怒っているのは、受け取ったものよりも与えたものの方が多いから、何が傷ついたのかを黙っていたから、決して来なかったジェスチャーを待っていたからです。怒りを正当化したり、「成熟しなければならない」などのフレーズで怒りを抑える必要はありません。成熟するということは、いつ火に満ちた目で「ここまで」と言うべきかを知ることでもあります。

恐怖は質問の形で現れます:誰も私を再び愛してくれなかったらどうしますか?彼らがまた私を失望させたらどうしますか?もし私がそれを乗り越えられなかったらどうなるでしょうか?これに答えてください:恐怖はパッケージの一部です。未知のものを恐れるのは普通のことであり、特に使い魔がいつものゾーンだった場合にはなおさらです。しかし、あなたが持ってきた愛があなたを傷つけたとしても、未知のものはそれほど怖くありません。それは私に希望を与えてくれます。

そして混乱があります。自分がそれを正しくやったのか、自分のせいだったのか、もっと何かできたのだろうかと疑問に思う精神的な雲。答えはノーです。あなたは、持っているツールを使って、自分が知っていることをやりました。そして、今混乱しているとすれば、それは内部のすべてを再配置しているからです。パズルのピースはすぐには組み合わされません。時間を与えてください。

感情はあなたを弱くしません。自分を抑圧するには、そうです。今は力で強くなる時でも、魂を扱えないときに微笑む時でもありません。立ち上がるように言わずに一緒に泣く友人のように、自分の感情を受け入れる時が来ました。感情は旅の一部です。そして、醜いものであっても、すべてを感じると、自分がまだここにいることを思い出させてくれます。呼吸。生活。少しずつ自分を感じます。

失われた関係を悲しむ: 段階とその乗り越え方

彼らは、破裂は治癒せず、交差すると言います。そして、それらを乗り越えるには、まず自分が悲しんでいることを理解する必要があります。はい、誰かを物理的に失ったときと同じように。なぜなら、たとえ相手がまだ生きていて、何事もなかったかのようにビーチでストーリーをアップロードしたとしても、あなたにとってその関係は死んでしまったからです。そして、その決闘は尊敬に値する、時間...そして健全な量の思いやり(できれば自分自身に対して)。

すべての人が同じ方法で、同じ順序で悲しみを経験するわけではありませんが、朝の3時に送ってはいけないメッセージのように、繰り返される普遍的な段階がいくつかあります。ここでは、笑わないとまた泣くので、誠実さと少しのユーモアを交えてそれらを紹介します。

1. 拒否

「そんなことはあり得ない、彼は混乱しているに違いない、彼は戻ってくるだろう、これは宇宙の試練だ。」この段階でも、あなたは彼らの最後のつながりをチェックし、最後のメッセージのすべての単語をモールス信号であるかのように分析し、彼らが持っていたすべての良いものを頭の中でリストアップします。否定することは、奈落の底に立ち向かわない方法ですが、他のすべてへの入り口でもあります。自分を責めないでください。ただ、そこにとどまって住まないでください。

2. 怒り

突然、あなたは以前正当化していたすべてをはっきりと見ます。何が傷ついたのか、何が沈黙していたのか、何が無視されたのか。そして怒っている。だいぶ。あなたは自分自身、元恋人、「あなたに何も言わなかった」友人、あなたに永遠の愛を約束した星占いに腹を立てます。このステージは強力です。走ったり、叫んだり、書いたり、レゲトンを踊ったりする。しかし、彼には手紙を書かないでください。お願いします。

3. 交渉

最も危険な。「話したらどうなる?」、「友達だったらどうなるか」、「あれやこれ変えたらどうなるか?」。ここで、心は空虚さを感じないように論理と取引し始めます。それは、相手が戻ってくるように自分の一部を提供する感情的なオークションのようなものです。その入札に参加しないでください。本当の愛は一方的な犠牲で交渉されるものではありません。

4. 深い悲しみ

それは没落です。説明もなく泣く。ベッドから起き上がりたくない。胸の空虚さと最大音量の悲しい音楽。加速したり否定したりする段階ではありません。それは抱きしめることです。ここから本当に手放し始めます。痛くても。たとえ決して抜け出せないように見えても。驚き:あなたは出かけます。しかし、その前に感じなければなりません。

5. 受け入れ

突然、すべてが平和と光になったわけではありません。もう同じように痛くありません。彼らのネットワークを見直したり、和解を想像したりする必要はもうありません。鏡に映る自分が見え始めます。あなたは人生への欲求を取り戻します。そして、たとえ曇りの日があっても、崩れることなくそれを乗り越えることができることを知っています。この段階は一度に来るわけではありません。それは小さな断片で提供されます。しかし、それが来ると...まるで家に帰ってきたような気分です。

悲しみを乗り越えることは、GPSがなければ感情的な旅です。道に迷い、後戻りし、もう終わりだと思って、また愚かなことで泣くでしょう。まあまあです。レースではありません。それはプロセスです。そして、たとえ最も不器用な一歩であっても、すべてのステップがあなたをより健康的な場所に導いています。あなたが。命綱。依存関係はありません。心は再建され、尊厳は損なわれません。

痛みへの近道はありません

「ワインで癒す」ミームがどれだけ出回っても、どれだけ多くの友人が「新しい人と付き合おう」と言っても、どれだけ多くのスピリチュアルな教祖が塩風呂と３つのムーンストーンでサイクルを閉じると約束しても、真実はこれです:痛みには近道はありません。速いルートも、秘密の道も、「すべてを忘れて何事もなかったかのように続ける」ための魔法のボタンもありません。そして、もしあったとしたら、すでに５回押していたでしょう。

痛みはゆっくりと、重く、気まぐれです。スーパーマーケットで並んでいるとき、ばかげた映画を見ているとき、私が身に着けていた香水の匂いを嗅いだときなど、思いがけないときに届きます。そして、あなたがそれを避けたい、無視したい、または活動の山の下に埋めたくても、彼は注目される方法を見つけます。なぜなら、感じられないことは繰り返されるからです。そして、抑圧されたものは腐ります。

時々、あなたは走りたくなります。あるいは、気を散らすもの、空虚なデート、過労、または沈み込まないやる気を起こさせるフレーズで自分自身を麻酔します。しかし、痛みをスキップすることは、最初に直さずに壊れた壁をペイントしようとするようなものです:外見はすべてが順調に見えますが、内側は崩れ続けます。そして、ひび割れた心はこれ以上の愛はありません。ただ恐怖を込めて愛してください。

痛い気分。たくさん。しかし、それは浄化にもなります。泣くことは敗北ではなく、排水です。怒りは失敗ではなく、防御です。疲れはもう我慢できないというサインではなく、やめる必要があるという警告です。痛みは不快です、はい。しかし、彼は教師でもあります。それは、あなたが何を与えすぎたのか、何を恐れて黙っていたのか、何に値し、何を受け取らなかったのかを示しています。

苦しむのが好きだと言っているのではありません。この感情的な火を乗り越えるつもりなら、より良い再建をするために、それを任せてください。バーニングをスキップしないでください、そこに変身があるからです。傷を埋めることに満足しないでください。たとえ燃えても、深く入ること。

短い方法はありません。しかし、方法があります。そして、それは一歩一歩進んでいます。泣いて泣いてください。息ごとに。経験したことを忘れるのではなく、もはやどこにも連れて行ってくれないものを手放すこと。痛みは敵ではありません。ドアです。それを通り抜けてください。痛くても。震えても。たとえそれが永遠に思えたとしても。そうはならないでしょう。そうですよね。

即時対処法

心が折れると体はパニックに陥ります。いいえ、誇張ではありません:胸が閉じ、喉が結び目になり、胃が機能する方法を忘れているようです。まるで神経系全体が腕を上げて「感傷的な緊急事態!」と叫びながら逃げようと決心したかのようです。幸いなことに、ポテトチップスの入った袋をティッシュとして乳製品の売り場で泣く前に、その内部の混乱を落ち着かせる方法があります。

マインドフルな呼吸: 感情的な緊急ボタン

基本的なようだが、危機に瀕した時は呼吸さえ英雄的な行為になる。これを行います: 息を吸って 4 を数え、さらに 4 つ空気を止め、ゆっくりと吐きながら 6 を数えます。度重なる。お香やクジラの音楽は必要ありません。ただあなたの空気だけです。呼吸はあなたの体の緊急ブレーキを作動させ、「私たちはまだ安全ではありませんが、愛のために死ぬつもりもありません」とあなたの心に告げます。

マインドフルネス:たとえ望まなくても、今ここにいる

あなたの心はおそらく過去(「なぜ私にそう言ったのですか?」)または未来(「他の人を見つけられなかったらどうしますか?」)にあります。マインドフルネスは、元元恋人が存在せず、不安も力を持たないこの瞬間に彼女を連れ戻すよう誘います。周囲を観察してください。空の色、周囲の音、コーヒーの香り。悟りに到達する必要はありません。ただ、現在、まだ力がある場所と再びつながってください。

健全な気晴らし: 自分自身を閉ざさずに強迫観念を消す

それは自分が感じていることを否定することではなく、その激しさに溺れないように一時停止を作ることです。5分ごとに幸せなカップルが含まれていないシリーズをご覧ください。木の描き方がわからなくても、絵を描きます。あてもなく散歩に出かけます。ストッキング引き出しを再整理します。あなたを笑わせる人に「乗り越えろ」と頼まずに電話すること。痛みから逃げるのではなく、悲しみの外にも人生があることを思い出させるという考えです。

これらのツールは悲しみを解決しませんが、休憩を与えてくれます。そして時には、前進し続けるために必要なのは一息つくことだけです。1つは深いもの、1つはプレゼント、1つはあなたのものです。なぜなら、たとえ感情の震えをコントロールできなくても、自分自身を固定できるからです。そして、それは難破船の真っ只中で、すでに自己愛の行為です。

破壊的な対処メカニズム(アルコール、薬物、衝動性)の回避

悪意、感情の混乱、そして止まらない内なる雨の真っ只中では、すぐに安らぎを求めたくなります。「神経を落ち着かせるため」の飲み物、「忘れるため」の夜の外出、「彼が答えるかどうかを確認するためだけに」衝動的なメッセージ。驚き:現時点では、それはすべて良いアイデアのように思えます...翌日目が覚めるまでは、安堵感よりも罪悪感、明晰さよりも不安、そしておそらく主演したくないストーリーで目が覚めます。

アルコールは痛みを和らげることを約束しますが、音量をしばらく下げるだけです。そして、彼はそれを高く上げます。薬は一時停止を提供しますが、治るものではなく、ただ凍るだけです。そして凍ったものはやがて溶け

てしまう。午前2時に元恋人に手紙を書いたり、感謝すらしなかった人に「終結」を求めたりするなど、衝動的な決断は傷を長引かせ、自己欺瞞を助長するだけです。

他にも、食事を忘れるまで仕事に没頭したり、孤独を感じないように新しい人とデートしたり、ソーシャルメディアで自分よりも裕福なふりをしたりするなど、より微妙ではあるが同様に破壊的な逃避もあります。これはすべて感情的麻酔であり、すべての麻酔と同様に効果を失います。そして、そうなると、痛みが興味を持って戻ってきます。

すでにこれらのメカニズムのいずれかに陥っているかどうかを自分自身で判断する問題ではありません。それは、車輪があなたにぶつかる前に止めることです。それは、これは本当に私を安心させるのか、それとも単に空虚さから気をそらすだけなのか、という正直な質問を自分自身に問いかけることです。なぜなら、自分自身を甘やかすことと、その喜びを言い訳にして、何が傷つくのかを見ないことはまったく別のことだからです。

あなたは悲しんでいます。そして、それを維持する方法はないように見えますが、あります。しかし、あなたはボトルの底にいるわけでも、あなたを知らない人の腕の中にいるわけでも、感情的な飢えから下された決断の中にいるわけでもありません。治癒とは、傷をキラキラで覆うことではありません。たとえ痛くても掃除をすることです。たとえあなたが見ているものが気に入らなくても、それはあなたの顔を見ています。

逃げる必要はありません。注意が必要です。他人からではなく、あなたから。なぜなら、あなたが習慣的にそこにとどまることに決めた場合、他の誰もあなたを奈落の底から救うことはできないからです。そして、あなたは衝動で生き残る以上のものに値します。たとえ時間がかかっても、あなたは意識を持って癒す権利があります。痛くても。まっすぐ前を見るのは難しいとしても。なぜなら、あなたがそれを成功させ、そしてそれを成功させるとき、あなたは平和を感じるために気を散らす必要はないからです。あなたは平和になるでしょう。

泣き声と発散の大切さ

泣くことは弱さの表れでも、その過程での挫折でも、シャワーを浴びた状態でバスルームに隠して誰にも聞こえないようにしなければならない恥でもありません。泣くことは薬です。身体がもはや運ぶことができないものを手放す原始的で強力で深く人間的な方法です。魂に脱出弁があるとしたら、それは目でしょう。

涙を流すことが感情犯罪であるかのように、「もう泣かないで」と言う人がいます。しかし、失ったもののために泣いてはいけない、と彼らは言います。なんてばかげているのでしょう。そして、なぜだめですか?それがあなたを傷つけたとしても、それがあなたに印を付けたとしても、あなたが愛、時間、幻想を与えたとしても。もちろん泣くでしょう。大切だから泣くのです。なぜなら、消えたものは空虚を残さずに去らないからです。そして、いつものように歯を食いしばって続けるだけでは感情が蒸発しないからです。

泣くことは浄化します。目だけでなく、怒りや悲しみ、欲求不満がたまる内角。泣いた後、体は休む。頭がすっきりします。心臓の鼓動は、より少ない結び目で動きます。痛みがなくなるわけではありませんが、より管理しやすくなります。グラスが溢れないように少し空にするようなものです。

そして、私たちはいつも涙を流して泣くわけではありません。時々彼らは沈黙の形で泣きます。不眠。未送信のメッセージから。快適さ以上のプレイリスト。泣くことは、一人で座って「大丈夫ではない」と大声で認めることもあります。聴衆も、賢明な言葉も、許可も必要ありません。ただ感じるスペースを与えてください。

発散は「脚色」ではありません。それはあなたが経験していることを尊重することです。痛みを自分の中に留めておくと、あなたは強くなるのではなく、後で心の中で爆発します。だから、必要なときに泣いてください。必要に応じて叫びます。言えないことを書き留めてください。ハートではなく、葉を壊してください。しかし、どん底に落ちることなく治ると信じて、すべてを飲み込まないでください。

涙はあなたを弱くしません。彼らはあなたを現実にします。彼らはあなたを勇気づけます。そして何よりも、感情は呪いではないことを思い出させてくれます。それはあなたに戻る道の一部です。そう、濡れたものです。しかし、深い解放感もあります。

サポートを求める: 友人、家族、セラピー

孤独を感じても、あなたは一人ではありません。そして、助けも目撃者もいないし、ティッシュを渡してくれる人もいなければ、さらに良いことに、アイスクリームのスクープを渡して、何も言う必要もなく「理解しています」という表情をしなくても、これを行う必要はありません。共有された痛みは消えませんが、軽くなります。それを分配することで、心臓の呼吸が少し楽になります。

あなたの友人、このロマンスが難破船に向かっていることを長い間知っていた人は、あなたの最初のライフラインになることができます。彼らは「そう言ったよ」と言うためではなく(まあ、時々そうしましたが、愛を込めて)、あなたがあなたを批判することなく同じ話を5回連続で繰り返すのを聞き、顔を腫れ

て泣きながら自分は美しいと言い続けるのを見て、忘れたときに自分が何者であるかを思い出させるためにそこにいます。

あなたの家族は、たとえすべての詳細を理解していない場合でも、別のアンカーになることができます。もしかしたら、彼らは何を言えばいいのかわからないかもしれませんし、彼らのサポート方法は、あなたにスープを作ったり、すでに食べたかどうかを何千回も尋ねたりすることかもしれません。心配するな。説明を求めずにお世話になってくれる人に囲まれることがポイントです。それはあなたにスペースを与えますが、必要に応じてあなたを抱きしめます。

そして、自分の内にあるものを誰も維持できないと感じたり、自分の感情が身近な人が持つことができる以上の感情に圧倒されていると感じたら、セラピーがあります。専門家の助けを求めることは贅沢ではなく、自己愛の行為です。「これはとても傷つくので、道に迷わずに進むためのガイドが必要です」と自分に言い聞かせています。セラピストはあなたの苦しみを消すわけではありませんが、ツール、視点、そして自分自身を再構築するための安全なスペースを与えてくれます。

助けを求めても、あなたは強くなくなるわけではありません。それはあなたを人間にします。なぜなら、私たちは黙って癒したり、サポートなしですべてを背負ったりするために生まれてきたわけではないからです。時には、一人で前に進むのではなく、手を差し伸べて「もう我慢できない」と言うことが最も勇敢なことです。そして、そうすると、世界は崩壊しないことに気づきます...開きます。そして、そのオープニングで、あなたは自分自身に戻る道を見つけ始めます。もっと伴奏。より持続的です。もっと生き生きと。

ゼロコンタクトとは何ですか、なぜそれが重要なのですか?

ゼロコンタクトは幼稚な戦略でも、「嫉妬させる」方法でも、元恋人に恋しくなるための操作手法でもありません。それは感情的な生き残りの行為です。それは、その人とのあらゆる種類のコミュニケーションを断ち切ることです:メッセージも電話も、「意図せず彼らの話に反応した」も、「彼らが何か新しいことをアップロードしたかどうかを確認するためだけに入った」こともありません。何もない。ゼロ。ゼロはゼロです。オンラインだと見て指が震えても。たとえ脳が、たとえ1つのメッセージだけでも害はないかもしれないと言ったとしても。警告:そうです。

なぜそれがそれほど重要なのでしょうか?なぜなら、あなたが彼らの生活にアクセスし続けている間は、あなたの生活から抜け出せないからです。すべてのメッセージは再発です。「彼の様子を知りたいだけ」という試みは、実際には、すでに打ち砕かれた幻想を生かし続けるための方法です。接触ゼロは罰ではありません。それは閉鎖です。それは保護です。それは、あなたの心が新しいピースで再武装するときに構築する必要がある壁です。

元恋人と接触することは、たとえ受動的であっても、自分自身を引っ掻きながら傷を癒そうとするようなものです。決して閉まることはありません。それは決して傷つきません。そして、悲しみの最大の敵は見当違いの希望です。いいねや「もしかしたら彼はまだ私を愛しているかもしれない」という曖昧なメッセージを糧にしている人。いいえ。私があなたを元気に望んでいれば、あなたは大丈夫でしょう。時代。

ゼロコンタクトは簡単ではありません。あなたの中には、知り続けたいと思っている部分があり、「もし変わったらどうしよう?」としがみつき、それに手紙を書くためのばかげた言い訳を探しています(「あなたの猫が夢の中で私を醜く見ていることを警告したかっただけです」)。しかし、あなたが本当に求めているのは情報ではなく、検証です。そして、あなたにそれを与える方法を知らなかった人にそれを探すのをやめる時が来ました。

はい、最初は切断のように感じます。だからです。しかし、それは復興の始まりでもあります。なぜなら、沈黙の中でのみ真実が解決されるからです。遠くからしか物語の一部始終が見えます。そして、干渉なしにのみ、あなたはすべての中で最も重要な声、つまりあなたの声を聞き始めます。

ですから、迷ったときは、これを覚えておいてください:ゼロコンタクトは彼のことではなく、あなたのことです。あなたの平和、あなたの明晰さ、そしてあなたの再生について。恐怖で押されるのは赤いボタンですが、それが力を発動させます。あなた。愛がないところに愛を求めなくなる人。パンくずに満足できない人。今回、真に癒されることを選んだ人。

連絡先の種類(直接、間接、ソーシャルメディア)

ゼロコンタクトについて話すとき、番号をブロックして深呼吸するだけでは十分ではありません。元恋人はゴキブリのように、常に再び現れるための創造的な方法を見つけます。だからこそ、治癒プロセスがある日上がって次の日は5歩落ちるようなヘビとはしごのゲームにならないように、断ち切ったり避けたりすべきすべての種類の接触を知っておくことが重要です。

1.直接接触: 最も明白ですが、手放すのが最も難しい。

ここでは、電話、テキストメッセージ、電子メール、ビデオ通話、または古典的な「この辺りであなたを見かけたので、あなたに挨拶したかった」について話しています。シャーロック・ホームズでなくても、元彼と話し続けている限り、たとえそれが「友達として」であっても、何も閉じていないことを知ることができます。それぞれのやり取りは再び傷を開き、確実性よりも疑いを残し、多くの場合、自尊心が地面に落ちます。ゼロはゼロです。たとえ彼が「あなたがどうなっているかを知るためだけに」とか「この曲のせいであなたのことを思い出した」と書いても。それを黙って思い出しましょう。

2.間接的な接触: すべての中で最も欺瞞的です。

これは有名な「いとこに様子を尋ねた」または「彼のプロフィールで、私たちが行ったのと同じバーに行ったのを見た」です。また、秘密の監視、知人との彼の話、友人に「彼が誰と一緒にいるか見てほしい」と頼んだり、彼がSpotifyにアップロードしたすべての悲しい曲の行間を読んだりすることも含まれます。この種の接触は無害に見えますが、ループを閉じるのではなく、強迫観念を煽り、希望を生かし続けます。そして、はい、ブロックには偽のアカウントからスパイを行わないことも含まれます。あなたはCIAではありません。

3.ソーシャルネットワークでの連絡先: 訪問をやめなければならない感情的なビュッフェ。

ネットワークは残酷な罠です。彼が本当に感じていることではなく、彼が何を見せたいのかがわかります。そしてもちろん、彼はそこにいます:笑い、外出、あなたがいなくても幸せそうに見えます。それはあなたを引き裂きます。しかし、それは本物ではありません。あるいはまったくない。そして、たとえそうであったとしても、なぜそのような自発的な視覚的罰に自分自身をさらし続けるのでしょうか?削除、ブロック、またはミュートします。そして、悪意からではなく、心の平安から。彼らの物語を見ることは無邪気ではないからです。それは自己裏切りです。

また、「昨夜夢を見た、きっと彼は私のことを考えているだろう」とか「今日、私たちの歌を聞いた、それは宇宙からのサインに違いない」など、スピリチュアルな接触を装った感情的な接触もあります。いいえそうじゃないです。手放さない言い訳を探しているのはあなたの心です。思い出に感謝する...そしてそれも解放します。

言葉、視覚、ゴシップ、または選択的直感によって、あなたを元彼と結びつけるものはすべて接触です。そして、すべての接触は回帰です。それがどのように機能しているかを知る必要はありません。あなたは自分がどうなっているかを知る必要があります。信号は必要ありません。沈黙が必要です。傷つくのではなく、癒されるような沈黙。そして、それはあなたがすべてのドアを閉めたときにのみ来ます...感情的なものでも。

実装方法:ブロック、ミュート、ありふれた場所を避ける

ゼロコンタクトが重要であることはすでに理解されています。ここで難しい部分が来ます:手や尊厳を震わせずにそれを適用することです。なぜなら、「もう彼とは話さない」と言うことと、彼が他の人と一緒に登場するストーリーを上げたのを見て、彼に手紙を書かないのはまったく別のことだからです...にこやか。そこで、ここでは、効果的、そして何よりも保護的な方法でゼロコンタクトを運用するための実用的で簡単なガイドを紹介します。

罪悪感も説明もなくブロック

ブロックは復讐やドラマの行為ではなく、個人的なケアの決定です。通知する必要はありません。「私は出発します、自分の世話をして

ください」のような最後のメッセージを送る必要はありません。ただやるだけです。番号、WhatsApp、Instagram、Facebook、電子メール、およびその人が再び現れて感情のパンくずを残す可能性のあるチャネルをブロックします。それは残酷さではなく、自己保存の本能です。誰かが開いた傷を残した場合、彼らはあなたの平和に自由にアクセスすることはできません。

周囲のすべて(およびそれを思い出させるもの)をミュートする

共通の友人はいますか?彼らを沈黙させてください。いつも「私の美少年」とコメントする叔母をフォローしていますか?外。彼らが聴いていた曲をスキップしますか?さようなら。最初は大げさに思えるかもしれませんが、過去を消すのではなく、現在を守ることです。すべての小さな思い出は、感情的な小さな刺し傷です。また、傷を閉じようとするときにナイフを集める必要はありません。

決まり文句を避ける: 感情的なGPSの再構成が必要です

あなたが以前通っていたカフェ、住んでいる通り、友人が働いているバー、またはニューロンが「もしかしたら私が見てあげるかもしれない」と言う場所に「さりげなく」現れるのはやめましょう。コーヒーを探しているわけではありません。あなたは注目のパンくずを探しています。そして、あなたはもはやあなたに役に立たない空間で愛を懇願するように作られているわけではありません。ルートを変更し、新しい場所を発見し、栄養を与えなくなったコーナーのフォローを解除します。

ゼロコンタクトの実現には勇気が必要です。それが過激だからではなく、それがあなたのすべての感情的衝動に反するからです。しかし、それらの衝動はもはや役に立ちません。彼らはあなたを縛り付けました。そして今こそ、しっかりと手放す時です。かつて届けたのと同じ愛を持ってそれをしてください。今回だけ、それをあなたに向けてください。なぜなら、自分を傷つけるものから身を守ると、すでに癒し始めているからです。そして、それは本当にブロックに値します...そして拍手。

「しかし」と例外(子供、共有財):それらを最小限に抑えるための戦略

理想的な世界では、ゼロコンタクトは「ブロックして忘れる」のと同じくらい簡単であることはわかっています。しかし、現実が汚れた靴をいじって、「子供、犬、住宅ローン、車が一緒にいるからといって、消えることはできない」と言う場合があります。そして、芽を摘むことが常に可能であるとは限らないため、悲しみが複雑になります。ただし、最後まで切ることができないからといって、自分を守れないわけではないことに注意してください。

子供が関与している場合:限定的で明確かつ中立的なコミュニケーション

子供がいるからといって、元恋人に感情的に対応し続けることを強制することはありませ

ん。必要なのは愛情ではなく物流です。スケジュール、医学的決定、学校活動など、子供だけに関するコミュニケーション契約を作成します。「元気ですか?」とか「息子があなたの笑顔を持っているので、あなたのことを覚えていました」はありません。共同子育て用に設計されたアプリや、記録を残す書面によるメッセージを使用します。短く、客観的で飾り気のない会話。あなたは彼らの友人でも、彼らの親友でもありません。あなたは彼の子供の母親です。点。

共有資産がある場合:分割して可能なものを与える

アパート、請求書、借金、家具、一緒に買った電子レンジなど、その間に物質的なものがある場合は、できるだけ早く解決するのが最善です。ドラマなしで分割できるなら、早くやってください。そうでない場合は、弁護士、調停人、またはどちらかの側に立たない正気な人など、中立的な第三者が関与します。対面での会議はなるべく避けましょう。一人で物を取りに行かないでください。「話すために」座ってはいけませんが、それは通常、涙や理論、そして時にはキスで終わり、さらに混乱させるからです。メロドラマのシーンには向いていません。

魂が震えても、しっかりと限界を設けてください

例外は、感情障害への扉を開く言い訳ではありません。彼らが話さなければならない場合は、明確なチャネルで、書面で、装飾せずに話してください。「子供が逃したから」という夜の電話はありません。直接話すように頼まれたら、それは絶対に必要ですか?それとも、責任を装ってあなたの現在に忍び込む口実を探しているのでしょうか?

そして、彼らがまだ一緒に住んでいる場合(人生は時々残酷であるため)

物理的および感情的な空間を定義します。別の部屋で寝ます。必要なことだけを話してください。自分の感情を、もはや感情を抑え方を知らない人と共有しないでください。そして彼女は、できるだけ早くその共存から抜け出すために日々努力しています。「私たちは一緒に住んでいるが、もう何もない」という気持ちが長引けば長引くほど、癒しの始まりは遅くなります。

すべての結びつきを避けることはできません。ただし、再構成することはできます。それは冷たくすることではなく、明確であることです。復讐することではなく、自分自身を守ることです。「しかし」もあるかもしれませんが、今の優先事項は快適さでも、ノスタルジーの共有でもありません。それはあなたの平和です。そして、それは例外を認めません。

この関係を築く前は、あなたは誰でしたか?自分のアイデンティティを再発見する

関係が終わったとき、傷つくのは相手を失ったことだけではありません...自分を失うことも痛いです。なぜなら、気づかないうちに、あなたはスペースをあきらめ、自分の好みを調整し、物事を静かに保ち、適応していたからです。そして彼がいなくなった今、あなたは鏡の前で自問自答していることに気づきます。この前、私は何をするのが好きでしたか?まだ一人で夢を見ていたとき、私は何を夢見たのですか?」

道に迷うのは普通のことです。関係中、特にそれが激しいものや長いものだった場合、あなたのアイデンティティは相手のアイデンティティと混ざり合います。それは「私」を覆い隠す「私たち」になります。趣味を離れ、

計画を延期し、興味のない映画を選び、あまり好きではなかった場所に行きます。そして最悪なのは、義務からではなく、愛からやっていることが何度もあることです。ルーチンで。習慣から。ある日、あなたは自分の人生がどうなっているかを知らなくなるまで。

今は一人でいるので、それは罰ではありません。招待状です。隅で待っていたあのバージョンを自分の中に覗き込むこと。自分が正しいか考えずに踊った人。一人で笑った人。書いたり、歌ったり、外に出たり、いつも見せなくても十分に感じたりした人。自分自身を再発見することは、自分がふさわしいと知るために選ばれる必要はなかったあの女性と再びつながることです。

思い出す。その関係の前に、生きていると感じたようなことは何でしたか?気づかないうちに何を捨てたのか?説明する必要もなく、誰と一緒にいましたか?自分のアイデンティティを取り戻すことは、過去に戻ることではなく、忘れていた最高の自分を現在に持ち込むことです。そして、あらゆる痛みが、これまであえて渡ることのできなかった扉を開くので、新しい部分も発見するかもしれません。

リストを作成します。活動を再開します。彼がそれを好きかどうかを自問せずに、新しいことに挑戦してください。部屋、服、音楽を変えてください。あなたが他の誰かになる必要があるからではなく、新しい傷を負って自分自身に戻ってくるからです。より強くなります。繰り返したくないことをより明確にします。

あなたはより良い半分ではありません。あなたは完了するプロジェクトではありません。たとえ時にはそう感じなくても、あなたは完全な女性です。そして、「私たち」が私たちの後ろに過ぎ去った今、あなたの人生で最も重要な人、つまりあなたと再びつながる時が来ました。フィルターなし。許可はありません。謝罪はありません。なぜなら、自分自身を再発見することは、単なるプロセスの一部ではないからです...それが本当のハッピーエンドです。

趣味、情熱、忘れられた興味

多くの人間関係がもたらす静かな結果の１つは、かつて自分の内面を輝かせてくれたものを忘れてしまうことです。あなたが愛した小さな儀式、あなたの魂を満たした活動、ノートに書き留めた夢は、「時間がなかった」とか「もはや優先事項ではなくなった」という理由でほこりを払ってしまいました。そして今、その愛は失われ、あなたは自分自身に問いかけながら空虚に直面していることに気づきます。

たとえ落書きだったとしても、絵を描いていたり、誰にも読まれずに書いたり、カップルでほうきを持って踊ったり、ミュージカルの一部になったかのように歌ったりしたかもしれません。もしかしたら、犯罪ドキュメンタリー、目的のない散歩、役に立たないが面白いことの授業、本と猫がいるカフェを開くことを空想したりすることに魅了されたかもしれません。あなたがしたことは、ただ、好きだったから、自分らしく感じさせてくれたからです。

恋愛関係にあると、多くの場合、その情熱は少しずつ薄れていきます。誰かが脱ぎに来るのではなく、あなた自身が気づかないうちに錆びさせているのです。カップルでの外出があるから。共有スケジュールがあるからです。なぜなら、あなたは自分自身よりも他者を意識しているからです。そして、かつては火だったものが静かな灰になります。

今こそ、灰を一掃し、再び残り火を燃やす絶好の機会です。中断したところから再開します。あえてやろうとしなかったことを試してみてください。誰かに好印象を与えるためではなく、心を強制的に癒すためではなく、それに値するからです。なぜなら、自分自身を再構築するのであれば、喜びから、好奇心から、他の誰も担当していない自分の隅から行う方が良いからです。

あなたが好きだったことすべてのリストを作りましょう。そして、何も覚えていない場合は、新しい心を持ったティーンエイジャーであるかのように、新しいことに挑戦してください。不条理なクラスを受講し、役に立たないことを学び、美術館に行き、たとえ芸術を理解していなくても、ヨガに登録し、たとえ床よりも板が多かったとしても。すべてをやってください。そして、承認を待たずにそれを行います。

あなたの情熱は趣味ではなく、あなたの本質への架け橋でした。そして、それらを渡るのをやめたなら、今日はそれらを再建する日です。なぜなら、悲しみ、泣き、再建の真っ只中に、喜びの余地もあるからです。笑いのために。常にあなたを内なる火につなげていたものを通して、あなたに戻ってくること。あなたの元恋人は去りました。しかし、あなたの願望、あなたのアイデア、あなたの創造的なエネルギーはまだそこにあります。そして、彼らはあなたが彼らを選ぶのを待っています。今回は、誰のためにも手放さずに。

個人的な価値観と目標を定義する

別れた後、しつこい小さな鐘のようにあなたの中に響き渡り始める質問があります。そして、その空虚さを気を散らすもので埋めたくなる誘惑ですが、本当の魔法は、立ち止まって「私は本当に何を望んでいるのか?それがなければ、私たちなしで、言い訳なしで、私にとって何が重要なのでしょうか?」なぜなら、これは、既知のものに戻る人としてではなく、より目覚めた目で新しい領域を発見する人として、自分自身に戻る機会だからです。

価値観を定義することは、内部の羅針盤を微調整するようなものです。それらは、すべてが崩壊したとしてもあなたを支えてくれる、譲れないアイデアです。おそらく、尊敬、自由、誠実さ、忠誠心、誠実さ、平和でしょう。関係を維持するために何回彼らを犠牲にしましたか?不快にさせないように、少しでも裏切ったことは何回ですか?今こそ、彼らを取り戻して、「はい、これです。もうこれ以上。これは二度とない。」

そして、目標が来ます。共有されたものでも、複数形で構築されたものでもなく、あなたのものです。どんな夢を延期しましたか?恋に落ちる前はどんな目標を持っていましたか?このプロセスから、どのような新しい目標が生まれましたか?もしかしたら、引っ越しをしたり、学業を終えたり、ずっと想像していたビジネスを始めたり、本を書いたり、猫やオウムを養子にしたり、一人旅をしたり、体を癒したり、別の言語を話したり、単に恐れることなく自分自身と一緒にいることを学びたいかもしれません。それはすべて有効です。それがすべて重要です。

これはあなたの個人的なマニフェストを書く時です。壁に掛けるのではなく、悲しみがあなたをもうなかったものに引きずり込もうとするたびに、それを思い出させるためです。あなたは別れを乗り越えるためだけにここにいるわけではありません。あなたは、自分に響くものから人生を再構築するためにここにいます。あなたを動かすものから。あなたにとって意味のあるものから、たとえ他の誰もそれを理解していなくても。

あなたの価値観と目標はあなたの北です。そして、あなたが明確であればあるほど、あなたを逸脱させたものに戻る可能性は低くなります。なぜなら、自分が何を望んでいるのかを知っている人は、それ以下で妥協しないからです。中途半端な愛でも、癒すよりも傷つくような人間関係でもありません。

ですから、この時間を罰としてではなく、落ちた羅針盤として元の位置に戻って受け止めてください。そして、それは単にその関係なしに自分を定義することだけではないことを忘れないでください。それは、自己愛を持って、これから誰になるかを選ぶことです。そして今回、その決定はあなた以外の誰にも左右されません。

自律性と感情的自立の重要性

泣き、悲しい夜、資格のない心理学者の友人との会話の後、別れの大きな教訓の１つは、自分の精神的な幸福の鍵を他の人に渡し続けることはできないということです。なぜなら、あなたの気分が相手があなたに答えるかどうかにかかっているとき、彼らが悲しい話をアップロードするか幸せな話をアップロードするか、彼らがあなたを愛するか無視するかにかかっているとき、あなたは遅かれ早かれ壊れる感情の綱渡りに乗っていることになるからです。そして、あなたはいつも倒れます、彼らではありません。

感情の自律性とは、洞窟に閉じ込められ、二度と愛しないと誓うことを意味するものではありません。それは、不完全さを感じずに自分自身と一緒にいることを学ぶことを意味します。それは、悲しみ、恋しくなり、癒すことができることを認識することです...答えを懇願することなく。確かに、つながりを持つことはできますが、それに依存するアイデンティティは必要ありません。あたかもあなたの存在に独自の軌道がないかのように、お互いの周りを回転する衛星になることなく、カップルになることができるということ。

感情的に依存しているとき、それはすべて恐怖です:彼らが去ることへの恐怖、彼らを好きにならないことへの恐怖、十分ではないことへの恐怖。そして、その恐怖はあなたを屈服させ、黙らせ、自分を傷つけることを正当化させます。しかし、感情的な自立を育むとき、あなたはすでに自分自身を選んでいるので、常にあなたを確認してくれる人は必要ありません。プランBとしてではありません。優先事項として。

自律的であるということは、誰かを必要とするという意味ではありません。それは、たとえそれらが不足していても壊れないことを知ることを意味します。空っぽにならずに一人でいられるという意味だ。すぐに答えられなければ、自分の世界が終わると感じずに、自分自身を慰め、限界を設定し、自分を喜ばせ、助けを求める方法を知っていること。それは、あなたが以前外で探していた避難所を自分の中に構築することです。

いいえ、それはある日から次の日に達成されるわけではありません。それは絶え間ない仕事です。それは自分の傷を見て、他の誰かを絆創膏として使わないと決めることです。時間をかけて、思いやりをもって、確固たる決断をもって、根元から癒されるでしょう。なぜなら、あなたが自分自身を抱きしめているとき、世界はもうそれほど脅威を感じないからです。あなたはもはや欠乏からではなく、欲望から選びます。あなたはもはや愛を懇願するのではなく、愛を分かち合います。

感情的な自立とは、目に見えない筋肉ですが、わかります。話し方、決断、自分自身のケアの仕方。そして、それは単独で構築されていますが、それはあなたのすべての絆を変えます。なぜなら、生きていると感じるために愛される必要がなくなったとき、あなたは本当に愛する準備ができているからです。無料。全部。揺るぎない。

身体の健康:食事、運動、睡眠

心が廃墟になったとき、体はそれを感じます。食欲を失ったり、ポテトチップスの形で世界を食べたりします。あなたは朝の3時に心臓がドキドキして目が覚め、元恋人が後悔している夢、あるいはさらに悪いことに、彼があなたなしで幸せであることを夢見ています。そして運動...さて、今週何かを持ち上げたとすれば、それは甘いパンの袋でした。そして、それは大丈夫です。最初は、体は「ロマンチックサバイバル」モードに入ります。しかし、そこにとどまって暮らすことはできません。

あなたの身体的な健康は贅沢品ではなく、感情的なプロセス全体をサポートするものです。それを大切にするということは、ジムに入って復讐心に燃えるスクワットをしながら空中で叫ぶという意味ではありません。それは、たとえ心臓が再び鼓動することを学んでいたとしても、安全であること、警戒しながら生活する必要はないこと、気分が良くなるに値することを体に少しずつ思い出させ始めることを意味します。

食べ物: ノーモア・スパイト・ダイエット

空気すら飲み込めない場合は、柔らかく、栄養価が高く、温かいものから始めましょう。

スープ、フルーツ、スムージーなど、胃を回転させることはありませんが、エネルギーを与えてくれるものなら何でも。そして、まるで新しい恋人であるかのように砂糖に避難しているのであれば、自分を責めないでくださいが、自分自身を妨害することもしないでください。バランスは一日にして得られるものではなく、「たとえ壊れていても気にする」という小さな決断が伴います。

エクササイズ:行き詰まらないように動く

マラソンを走ったり、感情的なアスリートになったりする必要はありません。部屋で歩いたり、一人で踊ったり、批判のないアプリでヨガをしたり、ストレッチをしたりしてください。動きは体から痛みを取り除きます。それはあなたの焦点を変えます。それは、あなたがまだここにいて、誰かを愛するのに忙しい間に忘れていたかもしれないこの体の中にいることを思い出させます。

夢: あなたの神聖な避難所

別れた後にぐっすり眠るのは、SF のように思えるかもしれません。あなたは記憶、質問、沈黙に悩まされています。しかし、あなたが経験していることを処理するには、あなたの心は休息を必要とします。就寝前に画面をオフにし、穏やかなルーティンを作り(シャワーとお茶であっても)、朝の 2 時に別れのミームを見つめないようにしましょう。不眠症が続く場合は、不眠症を正常化しないでください: 助けを求め、道具を探しますが、夜を犠牲にしないでください。

自分の体の世話をすることは、自己愛の根本的な行為です。それはあなたの神経系に「心配しないで、私たちはこれで死ぬことはありません」と伝えます。なぜなら、それは平らなお腹や完璧な8時間の睡眠をとることではないからです。それは再び自分の中に生きることです。もうそこにいない人に対してかつて持っていたのと同じ愛情であなたに接すること。今回は、降伏はあなたに。そして私を信じてください:あなたの体はあなたに感謝するでしょう。そしてあなたの魂も。

メンタルヘルス:瞑想、必要に応じてセラピー

別れは心を傷つけるだけでなく、まるで誰かが目を閉じてあなたの考えをシャッフルしたかのように心を揺さぶります。突然、自分が来るのか去るのか、悲しいのか、怒っているのか、混乱しているのか、あるいはすべてが同時にいるのかわかりません。夜は永遠になり、不眠症がテナントとして始まり、あなたの脳は朝の 3 時に壊滅的な考えを一気見することに決めます。そこで、あなたのメンタルヘルスには自己啓発ミーム以上のものが必要です。それは本当に注意が必要です。定数。愛する。

瞑想:ノイズを消して自分の声に耳を傾ける

チベットの僧侶になる必要も、サンスクリット語を学ぶ必要もありません。瞑想は心を空白のままにすることではありません(Wi-Fi を

備えたダライ・ラマでさえそれができません)。数分間座って呼吸し、それと戦わずに自分が感じていることを見ることです。それは、要求することなく自分自身と一緒にいるための一日の瞬間を自分自身に与えることです。始めるのに役立つ無料のガイド、アプリ、ビデオが何千もあります。大切なのは完璧にすることではなく、それを実行することです。それは、言葉ではできないこと、つまり内部の混乱を内部から秩序づけることを沈黙にさせているのです。

セラピー:フィルターや判断のない安全な空間

あなたを助けるために訓練された人と話すことは、あなたが間違っていることの表れではなく、あなたが責任を負っていることの表れです。優れたセラピストは、あなたが聞きたいことを教えてくれませんが、あなたが理解する必要があることを理解するためにあなたを歩いてくれます。迷宮から抜け出し、自尊心を再構築し、質問がなくなったところで答えを探すのをやめるためのツールを与えてくれます。そして、一人ではできないと感じたら、敗北と受け止めないでください。それは勇気です。それは成熟です。それは本当のセルフケアです。

そして、今セラピーにアクセスできない場合は、他の扉があります

感情心理学の本を読んだり、苦しみをロマンチックに描かないポッドキャストを聴いたり、検閲なしで自分の気持ちを書き留めたり、邪魔をせずに話を聞いてくれる人に相談したりしてください。これらすべても役に立ちます。大切なのは、喉の痛みに黙ってはいけないことです。すべてが自然に治るわけではありません。そして、もはや痛くないふりをすることですべてが克服されるわけではありません。

あなたのメンタルヘルスは、他のすべての基礎です。健康的な食事をし、運動し、8時間の睡眠をとることはできますが、「なぜ彼は私を去ったのか?」という考えに心がとらわれていても、体はまだ戦争状態になります。だから息をしてください。演説。必要な場合は助けを求めてください。あなたは頭がおかしいわけではありません。あなたは癒されています。そしてそれは、目に見えないように見えるかもしれませんが、すべての中で最も勇敢な行為です。

自己啓発:何か新しいことを学び、読書し、成長する

別れた後はギャップがあります。感情的、精神的、さらにはロジスティック。突然、午後が多すぎて、同じように聞こえなくなった考えや歌が生まれます。良いことは、かつてはもう存在しない関係によって占められていたその空間が、今では無限に強力なもの、つまりあなたの成長で満たされる可能性があることです。癒しも構築されているからです。そして、癒しの最も美しい(そして有用な)方法の1つは進化することです。

何か新しいことを学ぶ:失恋したことで学ぶことへの渇望を奪われないでください

それは、自分が「これまで以上に優れている」ことを証明するためだけに、マルチタスクのスーパーウーマンになることではありま

せん。それは、あなたの心に歩くための新しいルートを与えることです。料理、ビデオ編集、編み物、プログラム、バチャータのダンス、日本語の話し方を学びます。何があっても構いません。重要なのは、自分のためにやることです。元恋人や過去とは何の関係もない、眠っている才能や新しい情熱を発見すること。何かを学ぶと、自分の物語は終わったわけではなく、ただ書き換えられているだけであることを思い出します。

読書: あなたの脳にも快適さ(そして冒険)が必要です

良い本は、避難所、鏡、はしごなどです。悲しみから遠ざかる小説、違った考え方をさせてくれるエッセイ、魂を包み込む詩、愛がないところに愛を探し続ける理由を理解するのに役立つ自己探求の本を読むことができます。重要なことは、あなたを沈めるのではなく、あなたを養うテキストを選ぶことです。完璧な結末のロマンチックな物語は、ページを閉じたときに泣きてしまうようなものはありません。何があなたを養うのかを読んでください。あなたを罰するものではありません。

成長:プレッシャーとしてではなく、選択として

正直に見る絶好の機会です。人間関係の中でどのようなパターンを繰り返しますか?今でもあなたの決断を導く傷は何ですか?同じ場所に戻らないように、自分のどの部分を強化する必要がありますか?もちろん、成長は傷つきます。しかし、それは別れの痛みとは違った痛みです。それは成長の急増のように痛いです。価値のあるもの、つまり自分自身を構築しているときのように。

自己啓発は、Instagram の流行でも、自慢できる To Do リストでもありません。それはあなたへの静かなコミットメントです。それは、次回は恐怖からではなく、満ち足りた状態から選択できるように、あなたにツールを与えています。前に進むのに完璧な心は必要ないということを示しています。ただ一人だけが意欲的です。

そして、誰かがあなたに、一人でいる今、自分の人生で何をしているのかと尋ねられたら、あなたは恐れることなく「成長する」と答えることができます。それは速くも、簡単でもなく、常に魅力的でもありません。しかし、それは本物です。そして、誰もそれをあなたから奪うことはできません。元彼でさえも。

あなたに栄養を与えるルーティンを作る

別れた後、日々は乱雑になります。ベッドは塹壕になり、時間は無意味に過ぎ、髪を洗うことさえ不可能な任務のように感じられます。しかし、その感情的な混乱の真っ只中で、ルーチンを作ることは単に秩序をもたらす方法ではなく、自分自身に戻る方法です。栄養価の高いルーチンは厳格でも要求も厳しくありません。柔らかく、柔軟性があり、あなたにぴったりです。どんな犠牲を払ってでも生産性を高めるためではなく、毎日、自分がケアに値することを思い出させるためです。

急いでいない意図を持って朝を過ごす

携帯電話に触れる前に 10 分間時間をかけることから始めましょう。呼吸する。伸ばす。水を飲みます。引き裂かれない音楽を再生してください。自分の気持ちを数行書くか、「今日は自分のことを大切にしています」と自分に言い聞かせることができます。千歩の儀式は必要ありません。心が過去に駆け寄り始める前に、あなたを現在に固定するものです。

罰せられる食べ物、罰せられる食べ物

完璧に食べることではなく、罪の意識を感じさせてくれる食べ物を選ぶことです。一人でも落ち着いて食べましょう。餌を与えるという行為を、隙間を埋めるための形式や言い訳にしないでください。おいしいものを作ることは、シンプルですが強力な自己愛の形です。

たとえそれが最小限であっても、毎日の動き

無料アプリでウォーキング、ストレッチ、パジャマ姿で踊る、ヨガをする。感情的なオリンピックに向けてトレーニングしているわけではありません。体が緊張をほぐし、まだ自由に動けることを思い出させるだけです。場合によっては、20分間の動きが、3時間の精神的なドラマよりも効果があることがあります。

あなたとつながる瞬間

たとえ15分であっても、1日に1つのスペースを自分のためだけにブロックしてください。読んだり、書いたり、瞑想したり、絵を描いたり、好きなことをしたり、何も考えずに窓の外を眺めたりします。その静かな瞬間の力を過小評価しないでください。それらは魂の香油です。

精神的な罰ではなく、休息を招く夜

就寝前にネットワークをチェックすることは避けてください。悲しい音楽をドラマチックなビデオクリップの主人公のように流さないでください。熱いシャワー、お茶、感謝のリスト、軽い読書など、簡単なルーティンを作成します。あなたの体は、たとえ心臓が縫い続けるとしても、その日は平和に終わることができることを知る必要があります。

あなたに栄養を与えるルーティンは義務ではありません。それは毎日の「私は私を手に入れた」という声明です。そして、日常生活にしがみつくほど、部屋の不安が散らかる必要は減ります。なぜなら、最終的に癒されるのは必ずしも大きなジェスチャーではなく、愛をもって繰り返される小さなケアの行為だからです。毎日。たとえ費用がかかっても。痛くても。最初はただ生き延びているだけだ。そのルーティンは、あなたの再生の一部でもあります。そして、あなたにはそれだけの価値があります。毎日。

人間関係に健全な境界線を設定する

別れた後、最も緊急の(そして最も不快な)教訓の1つは、境界線が必要だということです。壁でも、突破できない感情の障壁でもなく、現実の、意識的で、愛情深い境界線です。なぜなら、癒しの一部は、去った人を恋しく思うのをやめるだけでなく、誰かが一線を越えるたびに自分を裏切るのをやめ、何事もなかったかのように微笑むことだからです。

健全な境界線とは、「これが私だ、これは見落とさない、これはもう許さない」という静かな声明です。それは冷たさではありません。それは利己主義ではありません。それは明快さです。そして、明晰さはあなたを大切にし、あなたに命令し、あなたに平和を与えます。境界線を設定することを学ぶことは、他人を押しのけることではなく、自分自身に近づくことです。

1. 自分を不快にさせるものを正当化する必要はありません

何かが気になる場合、トラウマ、占星術、または子供時代全体の歴史を説明する必要はありません。治療に値するほど不快に感じるだけで十分です。いいえはいいえです。点。相手には大げさに見えても。あなたは誰かにあなたを尊重するよう説得するためにそこにいるのではありません。

2. 沈黙も限界

不必要なメッセージに返信したり、疲れ果てるような会話を追ったり、感情的な救急車のように誰かがあなたを必要としているたびに行かないでください。沈黙は「それだけです」とも言います。それを過小評価しないでください。意図を持って使用すると、千回のスピーチよりもしっかりしたものになる可能性があります。

3. 距離を置くことは悪い人ではない

時には、自分を知らない人や、よく扱いたくない人から遠ざからなければならないこともあります。たとえ家族であっても。たとえ彼らが何年も友人だったとしても。たとえ「あなたは変わった」と言われても。もちろん変わりました。あなたは以前沈黙していたことを我慢するのをやめました。あなたは残酷ではありません。あなたは明確に言っています。

4. 何千もの言い訳をせずにノーと言うことを学ぶ

やりたくありません。できません。それは私にとって何の役にも立ちません。それは私に生まれたものではありません。説明する必要はありません。この種の「ノー」は、特にあなたが不快にすることを恐れて「はい」と答えた人の一人である場合、最初は難しいでしょう。しかし、それはあなたを解放する種類のノイズです。そして、それはあなたの世話をします。そして、あなたの平和を超える人は誰もいないことを思い出させてくれます。

5. 制限は求められるのではなく、設定されます

それは尊敬を懇願する問題ではありません。自分で握ることです。誰かがあなたの境界線を越えることを主張するなら、あなたは戦ったり、永遠のスピーチをしたりする必要はありません。あなたは引退します。あなたはトーンを変えます。距離を取る。そして、頭を高く上げてそれを行います。無罪。確信を持って。

境界線を設定することは、自分を愛する最も現実的な方法です。それは怒りでそれらを押

し付ける問題ではなく、それらをしっかりと守ることの問題です。もう一方がどこで終わり、どこから始めるのかを明確にしてください。あなたを愛するすべての人があなたの世話をしてくれるわけではないからです。しかし、あなたはできます。そしてこれからは、それをやるつもりです。不敵。ドラマはありません。自己愛を旗として。

新しい人との出会い(恋愛関係ではない):グループ、アクティビティ

別れた後、元恋人のように(またはあなたが思っていたように)新しい人があなたを再び見てくれたときにのみ癒されるという罠に陥りがちです。しかし、すべての新しい始まりがロマンスに関係しているわけではありません。時々、あなたが最も必要としているのは、笑い、好奇心、共通の興味を通じて他の人々と再びつながることです...キスも期待もドラマもありません。

「何か問題があるのか?」というフィルターなしで新しい人々と出会うことは、新鮮な空気の息吹です。世界は壊れた関係よりも大きいことを思い出させてくれます。出会い系アプリの先にも人生があり、感情的に燃え上がることなく本物の瞬間を共有できること。

ステークホルダー: あなたの部族はそこにいますが、それは単独で到着するわけではありません

ライティング ワークショップ、読書クラブ、ハイキング グループ、料理教室、瞑想サークル、コミュニティ シアター、都市ガーデニング、陶芸教室、さらには活発なフォーラムのあるオンライン コースなど、同じような好みを持つ人々が集まるスペースを探してください。恥ずかしがり屋でも一人で来ても構いません。それらのほとんどは、何か違うものを共有するため、ルーチンを壊すため、追加するためなど、同じ理由でそこにいます。

ボランティア活動: 感情的な孤立に対する完璧な解毒剤

他人を助けることは、自分自身を助ける最も美しい方法の１つです。動物保護施設、フードバンク、図書館、子供との活動、エコロジープログラムで協力することができます。そこでは、繊細で献身的な人々に出会うことができ、何よりも、元恋人のことを話したり、元気なふりをしたりする必要はありません。ただ。そして、追加します。そして、自分自身に驚かせてください。

文化イベントとエクスプレスワークショップ: コミットせずに試す

時には、ただ試してみるのが最善です。アートフェアに行ったり、カフェでおしゃべりしたり、週末のコースに行ったり。気に入らなくても続けることを強制するものではなく、家から出て世界に身をさらす原動力を与えてくれるもの。最初は大きなリンクは必要ありません。すべてが過去の匂いがするわけではない新しいシナリオのみ。

健全なデジタル空間:はい、それらも存在します

よく使われているソーシャルネットワーク、テーマ別コミュニティ、あなたが情熱を注いでいるトピックに関するグループ。はい、感情的に絡み合うことなく、インターネット上で興味深い人々に出会うことができます。重要なのは目的であり、空白を埋める緊急性ではありません。

パートナーを探さずに、自分の痛みよりも大きな何かに属する喜びのためだけに世界に出ることは、勇気の行為です。そして、それはあなたに非常に強力な何かを思い出させます:あなたは一人ではありません。あなたは決してそうではありませんでした。今になってようやく、壊れた鏡の向こう側を見る準備が整いました。そして、他人の中に自分自身を見つけることも。ゆったりとした。鎧はありま

せん。ロマンスが再び生きていると感じる必要はありません。

サポートと依存関係の違い

別れた後、床を逃しているように感じるのは普通のことです。誰かに話しかけ、自分の話を聞いてくれる人にしがみつく必要があること、起き上がる方法さえわからないときに誰かが何をすべきかを教えてくれること。そして、はい、サポートを求めることは健康的で、必要であり、不可欠です。ただし、サポートは依存と同じではないことに注意してください。1つがあなたを支えます。もう一つはあなたを窒息させます。

サポートは救いではなく、仲間です。それは、友達に話したり、妹と泣いたり、セラピストに相談したり、犬に抱きしめたりできるときです。それは、自律性を失うことなく封じ込めを感じるときです。他の人が背負わなくても痛みを分かち合うことができます。プロセスの舵を誰にも任せることなく、アドバイスに耳を傾けることができます。サポートは、あなたを支えてくれる目に見えないネットワークです...しかし、それはあなたのために歩いてくれません。

一方、依存とは、その人があなたに反応しない場合に呼吸できないことです。すべての決定に対して常に承認が必要な場合。絆の外で自分が誰であるかわからないとき。誰かをあなたの感情の中心、あなたの唯一の安定の源、あなたの「すべて」にするとき。そしてそれは、たとえそれが愛や友情を装って来たとしても、避難所を装った刑務所です。

誰かに感情的に依存しているということは、あなたが壊れやすいかのようにあなたの世話をするように頼むことです。あなたをサポートするということは、あなたが壊れていることを知ることですが、はい、それは再建の途中です。協力的な人は、コントロールではなくスペースを与えてくれます。それはあなたの言うことに耳を傾けますが、あなたを指示するものではありません。それはあなたを慰めますが、あなたを打ち消すものではありません。そして、あなたは自分自身に頼ることで、自分のプロセスに対する力を維持します。

主な違いは?サポートはあなたを強くします。依存はあなたを弱めます。1つはあなたと自分自身をつなぎます。もう一方はあなたをあなたから切り離します。

そう、あなたは傷つきやすい瞬間にいます。しかし、それは、安全を感じるために自分自身を完全に他の人間に委ねる必要があるという意味ではありません。必要なのは、自分の強さを忘れたときに思い出させてくれる人たちに囲まれることです。あなたの人生を解決せず、あなたが人生を再建する間、あなたのそばを歩く人々のこと。

もちろん、自分自身をサポートしてください。彼は誠実な肩で泣きます。助けを求めてください。しかし、その過程で自分自身のことを決して忘れないでください。なぜなら、誰もあなたのようにあなたを救ってくれることはないからです。そして、そうするとき、依存ではなくサポートから、あなたは信じられないほどの何か、つまり自由を感じるでしょう。そして、それは交渉の余地がありません。

関係を振り返る：私は何を学びましたか？

別れた後、泣き声が収まり、ドラマが消え、沈黙が不快だが力強い質問の余地を作り始める瞬間が来ます。そして義務感から苦しみの肯定的な面を探したり、苦しみを一気に詩に変えるのではなく、正直に振り返って、すでに終わった話から価値のあるものを取り出す問題だ。

もしかしたら、もう容認できないことを学んだのかもしれません。おそらく、愛するだけでは十分ではなく、敬意、互恵性、存在、真実が必要であることを理解していたのかもしれません。息の余地のないものにどれだけ適応したかに気づいたかもしれません。あるいは、一人でいることを恐れてどれだけ自分を見捨てたか。これらすべても重要です。そしてたくさん。

学ぶということは、自分を傷つけたことを正当化することを意味するものではありません。それは、無視した兆候、設定しなかった境界線、「私たち」の名の下に自分を裏切ったことを認めることを意味します。それは、あなたを罰するためではなく、成長するために、より明確な目でダイナミクスを見ることを意味します。なぜなら、無傷で愛から抜け出す人はいないが、同じように出てくる人もいないからだ。そして、その打撃を避けられない場合は、少なくとも残ったもので何をするかを選択できます。

おそらくあなたはまた、自分自身を捧げること、絆に賭けること、愛情から築くことができることなど、美しいことを学びました。たとえ誰かがそれを大切にする方法を知らなかったとしても、あなたの愛する能力はまだ生きているということです。再び信頼し、感じ、共有できること。その愛は、たとえ最後が傷ついたとしても、間違いではありませんでした。

正直に自問してください:私のどの部分が成長しましたか?以前にどんな傷があったのでしょうか?見捨てられることを恐れて、どのような危険信号を見落としたのでしょうか?愛し、愛される自分の方法について何を学びましたか?あなたを責めるためではなく、新しい名前でサイクルを繰り返すためではありません。

反省は一度に起こるものではありません。それは波のように、時には笑い、時には涙を流し、時には歌の途中や何気ない会話の中でやって来ます。しかし、何かが変わると、その関係を懐かしさや怒りで見るのをやめて、それを厳しい教師として見始めます。しかし、必要です。

すべての関係が維持されるわけではありません。中には、まだ癒す必要があるもの、自分にふさわしいもの、もう許さないものを示すためだけにやって来る人もいます。それを学んだなら、それは無駄ではありませんでした。それは教訓でした。それはトランジットでした。それはあなたの物語の一部でした。そして今、私が学んだことすべてで、最も重要な部分が来ます:新しいものを書くことです。あなたが主人公です。すでに理解したことを繰り返すことなく。そして、自分自身について最終的に発見したことを手放すことなく。

人間関係のネガティブなパターンを見つける

別れた後にできる最も強力なことの１つ、そして最も不快なことの１つは、フィルターをかけられていない感情の鏡を見て、自分自身に問いかけることです。なぜなら、どんなにやりとりの顔があっても、感情的な台本が同じであれば、結末もそうなるからです。

ネガティブなパターンは、運命の偶然やロマンチックな不運ではありません。それらは、古い傷、誤った信念、または誤解されたニーズから生まれる繰り返しです。そして、それらが見つからない場合は、異なる名前と新しい香水で同じ種類の物語を引き寄せてしまいます。

あなたはいつも感情的に利用できない人を選びますか?制限を設けるのが難しく、受け取るよりも与えることが多くなってしまうことはありませんか?激しさと愛を混同していませんか?「救われる」必要がある人と付き合って、ヘロインマントを着ますか?「完璧な人はいない」という理由で軽蔑を容認しますか?何も残らないことを恐れて、小さなものにしがみつきますか?

これらはすべてパターンです。そして、言い訳なしにはっきりと見るまで壊れません。重要なのは、あなたもその力関係に参加したことを認識することです。あなたを責めるのではなく、あなたに力を与えるためです。なぜなら、あなたがサイクルの一部であるなら、そこから抜け出すことも選択できるからです。

過去の恋愛で繰り返されたことを残酷なほど正直にリストアップしてください。沈黙の中で何を容認しましたか?傷つくとわかっていても、何を無視したのでしょうか?自分の与え方を知らなかったものを他人の中に求めているのはどの部分ですか?不快ですね。しかし、それは感情の自由の始まりです。

そして、それらを見つけたら、名前を付けます。それらを書き留めてください。それらを読んでください。必要に応じて、大声で話してください。それらを意識すればするほど、惰性によってそれらに陥る可能性は低くなります。二度と間違いを犯さないと約束するものではないからです。それは、どこから選んだかを認識することです...そして異なる選択をします。

癒しとは、経験したことを消し去ることではありません。それはそれを理解することです。それはあなたに言っています:なぜ私がそのような方法を選んだのかはすでに理解していましたが、今の私はもはや、順応し、沈黙し、迷子になったあのバージョンの私ではありません。なぜなら、一度パターンを見たら、もう隠すことができないからです。そして、その認識があれば、自分にふさわしいものを求めて懇願する必要のない関係の構築にはるかに近づきます。

許す(可能で健康であれば、あなた自身と元恋人)

許しという言葉は理論的には素敵に聞こえますが、失恋し、精神的な傷のリストがまだ脈打っているとき、最も避けたいのは「愛を持って手放すこと」です。なぜなら、正直に言うと、言葉で平手打ちをしたり、決して与えなかった主張をしたり、自分を傷つけたすべての詳細なリストを付けて手放したいと思うことがあるからです。そして、それを感じても大丈夫です。許しは平和から始まるのではなく、傷つくことから始まります。

しかし、最終的には、真に癒したいのであれば、許しという難しい領域を通過する必要があります。そして、もう一方のためではありません。あなたに。なぜなら、恨み、罪悪感、度重なる非難を背負うことは、前に進まない感情の石でいっぱいのバックパックを背負うようなものだからです。そして、あなたは過去を這うためにここにいるのではありません。あなたは、それがあなたを引きずり下ろすことなく、それを手放すためにここにいます。

自分を許すことが第一歩です

見逃しすぎて申し訳ありません。あなたを黙らせてくれたこと。言い訳を信じたからです。愛しようとする試みの中で自分を見失ったこと。あなたは愚かではありませんでした。あなたは恋をしていました。あなたは学んでいました。あなたは賭けをしていました。あなたは当時知っていたことを使って最善を尽くしました。そして今、あなたはもっと知っています。さて、あなたは自分自身を選択します。ですから、痛みで今理解していることをもっと早く知らなかったからといって自分を責め続けないでください。

元恋人を許す(可能で健康であれば)

これは、彼があなたにしたことを正当化することではありません。「それほど深刻ではなかった」と言ったり、感情的な礼儀から再び彼に微笑んだりする問題ではありません。元恋人を許すからといって、もう一度話したり、友情を保ったり、傷ついたものをすべて消したりする必要はありません。それは、彼に罰を望むのをやめることを意味します。頭の中で彼らの間違いを繰り返すのはやめましょう。安心してスペースを与えるのはやめてください。

そして、まだ許せないなら、無理に自分を許さないでください。すべての免除が時間通りに到着するわけではありません。時々、真の許しは、もうそれについて考えていないときに起こります。しかし、重要なことは、憎しみにも束縛されるので、憎しみに巻き込まれないことです。リンクもします。また、エネルギーを奪います。

許すということは、過去が変わる可能性があるという幻想を手放すことです。それは、かつてあったことを受け入れることです。あなたはもうそこにいないこと。行き詰まらずに振り返ることができること。そして、直せないものを持ち歩くことなく、より軽く前進できること。

それは簡単ではありません。速くはありません。しかし、それは解放的です。そして、それは他方のために行われません。それはあなたのために行われます。あなたの物語が痛みの章に陥らないように。そのため、この本を閉じるときは、怒りで閉じるのではなく、落ち着いて閉じます。強く。尊厳を持って。そして、二度と生きたくないことを繰り返したくないほど、十分な許しを持ってください。

サイクルを断ち切る:同じ間違いを繰り返さないようにする方法

関係から抜け出すのは痛いですが、同じ話を別の名前で繰り返すのはもっと痛いです。なぜなら、「今回は違うだろう」と思うことほどイライラするものはないから...そして、同じ傷、同じ破られた約束、新しい皿に同じ涙を流しながら、同じ感情のループに陥っていることに気づきます。サイクルを断ち切るのは運ではなく、気づきです。そして、はい、費用がかかります。しかし、それはより自由で、より健康的で、より感情的な生活への最短の道です。

最初のステップ:残酷な正直さで自分の役割を認める

自分を責めるのではなく、偽らずに自分を見つめることです。どこで過剰に配信しましたか?どのような兆候を無視しましたか?あなたは自分自身にどのような約束をしましたか?あなたはどのようなパターンを引き寄せ続けていますか:不在、依存、不平等な愛?このサイクルは、言い訳やロマン主義なしに、自分の選択に責任を持つ場合にのみ断ち切られます。

第二に、愛を救いとして理想化するのはやめてください

あなたは不完全ではありません。誰かがあなたを「救ってくれる」ことも、自分が価値があると感じてくれる関係も必要ありません。あなたを直してくれる人を探し続ける限り、あなたは絆に陥り続け、最終的には壊れてしまうでしょう。愛は感情的な絆創膏ではなく、あなたがすでにあるものを補完するものです。そして、あなたは十分です。

第三に、恋に落ちた後ではなく、恋に落ちる前に境界線を定義する

何を容認できないのかわからなければ、結局はそれを容認することになります。交渉の余地のないもののリストを作成し、再び心を開く前にそれを明確にしてください。なぜなら、あなたには明確な制限がないと、他人の欲望に合わせて形作られるようになるからです。そして、それは遅かれ早かれ、あなたを打ちのめします。

第四に、言われたことよりも、自分が感じていることに耳を傾ける

言葉は恋に落ちますが、行動はそれを明らかにします。彼は「しかし、時々彼は私のことを気にかけていることを私に示します」などの言い訳で矛盾を正当化するのをやめます。時にはそれだけでは不十分です。約束を聞いて直感を沈黙させると、このパターンが繰り返されます。次回は、自分を興奮させるものよりも、自分を不快にさせるものをもっと信じてください。

第五に:激しさと真実の愛を混同しないでください

ドラマ、浮き沈み、情熱を装った嫉妬...これらすべてが中毒性があるように感じるかもしれませんが、それは健全な愛ではありません。感情のジェットコースターです。そして、感情ベルトなしで上がるたびに、さらに激しく落ちます。本当の愛は不安で震えることはありません。それはあなたに平和を与えます。

そして最後に、自己認識を羅針盤にしましょう

可能であればセラピーをしてください。書き込みます。読む。正直に自分に話しかけてください。あなたから学びましょう。なぜなら、自分を知れば知るほど、自分を裏切ることは少なくなるからです。そして、自分を裏切らなければ、より良い選択をします。もはや感情的な飢えからではなく、満腹感から。

このサイクルを断ち切ったからといって、二度と失敗しないと約束するわけではありません。今回は自分自身を無視しないと決めているのです。目隠しをしたまま関係を築くことはもうないということ。それを学ぶためにレッスンを繰り返す必要はないということです。なぜなら、今回は人生の最愛の人を見つけることではなくなったからです。二度と道に迷わないことです。そしてそれは、そう、愛です。良い人たち。あなたから始まるもの。

理想化されたノスタルジーと現実

別れた後、最も静かな敵の一人は元恋人ではありません...それはあなたの選択的な記憶です。すべての議論を消し去り、涙を最小限に抑え、美しい瞬間をNetflixにふさわしい叙事詩に変えるものです。突然、それほど好きでもなかったものが恋しくなります。あなたはルーチン、絵文字でおはよう、彼の香水の匂い、あなたがなぜ一緒にいるのかさえわからないときに彼があなたを抱きしめた様子を恋しく思います。聞き覚えがありますか?それは愛ではありません。理想化されたノスタルジーです。そしてそれは罠です。

理想化されたノスタルジーは、編集が不十分な映画のようなもので、BGM、完璧な照明、意味のある沈黙で、最高のシーンだけが残ります。しかし、正直に巻き戻すと、傷つく章、あなたを壊す会話、無視したジェスチャー、希望によって埋めた空虚さもあります。だまされないでください:あなたは彼がいなくて寂しいです、はい...しかし、すべてがあなたの心が信じたいと思うほど美しいわけではありませんでした。

いいえ、あなたは頭がおかしいわけではありません。脳は生き残るためにそれを行います。時々、彼は傷ついたことを正当化するために善にしがみつきます。なぜなら、自分が健康でない場所にいたことを受け入れるよりも、美しいものを失ったと思う方が痛いからです。しかし、過去を理想化することは、再発し、戻って、繰り返す最も直接的な方法です。なぜなら、彼は「時々美しかった」と「まだうまくいく」と混同しているからです。

では、何を間違えたのかを美化するノスタルジーをどうやって止めるのでしょうか?具体的な詳細を覚えています。その人と一緒にいたとき、あなたは自分自身についてどう感じましたか?喉にしこりができて寝たことが何回ありましたか?平和を保つために、あなたはどんなことをし、何をし、何を言わなかったのですか?リストを作成します。何が傷ついたのか、何が沈黙していたのか、何を我慢したのかを書き留めてください。憎むのではありません。はっきり覚えておくこと。

美しい瞬間を消すことではありません。それは、それらをもはや自分のものではないものに戻るための言い訳に変えるのをやめることです。時々愛は存在しました、はい...しかし、それだけでは十分ではありませんでした。時にはそれが本物でしたが、それは公平ではありませんでした。時には全力を尽くしても、それだけでは不十分でした。そして、それも現実の一部です。それを受け入れるからといって、感じなくなるわけではありません。嘘をつくのをやめるという意味です。

理想化されたノスタルジーは心地よいが、前に進むことを許さない。一方、現実は時々傷つきます...しかし、それは解放されます。そして、その真実からのみ、何か新しいことを書き始めることができます。あなた以上のもの。耐えるために装飾する必要のないもの。なぜなら、今回は良いことを思い出すことではないからです。忘れてはいけないものを作ることです。

孤独への恐怖、社会的圧力

別れた後に現れる最大のモンスターの一つは、元恋人の顔ではなく、空虚な顔をしている。電気を消したり、おやすみのメッセージがなくなったり、誰も一日の様子を尋ねないときに、孤独への恐怖が家に忍び寄ってきます。そして、その恐怖に別の迷惑な声が加わります:社会的圧力の声は、意見を述べるだけでなく、「あなたは今、他の誰かと一緒にいるべきだ」とか「そしていつですか?」などをささやきます。

一人でいることへの恐怖は弱さではなく、人間です。私たちは常に、愛は目標であり、運命であり、メダルであると教えられてきました。パートナーがいなければ、あなたは不完全です。その独身性は一種の居心地の悪い待合室です。しかし、そうではありません。孤独は失敗ではありません。それは宇宙です。それは肥沃な沈黙です。他人からの騒音の後、再び自分の声に耳を傾けることができる場所です。

一人でいるからといって空っぽになるわけではありません。それはあなたと一緒にいることを意味します。そして、最初は目がくらむかもしれません、なぜなら私たちは目撃者なしで自分自身を選ぶことに慣れていないからです。しかし、それはあなたが成長する場所でもあり、約束、犠牲、譲歩の間に薄められた自分自身の一部を取り戻す場所でもあります。

そして、社会的圧力はどうでしょうか?彼を待たせてください。彼女に自分の意見を述べさせてください。彼に列に並べさせてください。あなたは型にはまるようにここにいるのではありません。家族の集まりでの不快な質間を避けるためだけに、特定の年齢でパートナーがいたり、従うために結婚したり、ソーシャルメディアで誰かと幸せそうに見せたりしてはいけません。あなたの平和は、「あなたの彼氏はどうですか?」よりも価値があります。人生は結婚式のレースでもカップルのフォトパレードでもありません。それは、伴いのないことを恐れて自分を捨てないときに最もよく歩む道です。

あなたは今一人です、はい。しかし、あなたは不完全ではありません。あなたはあなたとともにいます。そして、傷つくことなく、空間を何かで埋めようと走らずに自分自身と一緒にいることを学んだとき、あなたは再び愛する準備ができています。必要に迫られていない。選択による。そして、そこで、孤独への恐怖はもはや力を持たない。なぜなら、二度と自分を放っておかない限り、誰にも付き添われる必要はないことを発見したからです。もう二度と。

既知の「コンフォートゾーン」

たとえそれが痛くても、あなたがすでに知っていることほど中毒性のあるものはほとんどありません。だからこそ、元恋人と元恋人と復縁するのは、たとえそれが自分にとって都合が悪いとわかっていても、とても多くの人がいるのです。だからこそ、昔の会話を読んで、良いことだけを思い出し、本当にそんなに悪かったのだろうかと疑問に思っていることに気づきます。その理由は必ずしも愛ではありません。多くの場合、それは慣習です。偽りの感情的安全感。何かが欠けていても、生き残る方法を知っていたコンフォートゾーン。

その地域は危険です。快適だからではなく、親しみやすいからです。そして、慣れ親しんだものは、どんなに有毒であっても、新しいものよりも安全だと感じることができます。あなたの心は、たとえそれがあなたを同じ痛みに引きずり込んだとしても、既知のものを好みます。なぜなら、あなたはすでに傷を負って歩くことを学んでいるからです。あなたが知らないのは、それらなしで歩く方法です。そしてそれは怖いことです。

そこから抜け出すのは、下に網があるかどうかも知らずにロープを放すようなものです。それは、あなたが孤独で、無防備で、参照されていないと感じています。しかし、ご存知ですか?そのロープはあなたを支えませんでした。それはあなたを縛り付けました。それはあなたを同じ点で回転させ続け、しばしば偽装された不安を「愛」と呼びました。

コンフォートゾーンとは、自尊心が沈黙の中で溶けていく中で、「それほど悪くない」と自分に言い聞かせる場所です。正当化されないことを正当化するために感情的にジャグリングしたところ。半分はあなた自身で、半分は変化を恐れていました。

そして、はい、そこから出るのは不快です。懐かしさ、疑い、戻ってきたいという誘惑を感じるでしょう。しかし、自分の立場を貫くと、ある日、安全のように見えたことが諦めだったことに気づきます。あなたが愛と呼ぶものは必要性です。そして、そのエリアの外には生命があるということです。あなたは彼らに息を吹き込ませないため、あなたが知らない新しいバージョンのあなたを持っています。

快適ゾーンから抜け出したからといって、すぐに大丈夫になるわけではありません。それは、たとえそれが痛くても、あなたが自分自身を選ぶことを意味します。今回は、溶け込むために萎縮する必要がなくなることを願って、未知の世界に賭けること。

なぜなら、自分を傷つける既知のものを手放すと、あなたを癒すことができる未知のもののための余地が生まれるからです。そして、繰り返すことへの恐怖よりも成長のリスクを選択すると、真の自由が始まります。なぜなら、あなたは生き残る以上の価値があるからです。あなたは、もはやあなたを抱えていないサークルの外にあるものを発見する権利があります。

元恋人の復縁の試み(およびその対処方法)

呼吸が良くなり始めたとき、プロフィールのチェックをやめたとき、携帯電話をチェックせずにようやく眠れるようになったとき...表示。あなたの元恋人。あたかもあなたの進歩によって呼び出されたかのように。時には「お元気ですか?」のような不可解なメッセージで、時には「充電器を見つけたのであなたのことを思い出しました」などのばかげた言い訳で、そして最も露骨なケースでは、メロドラマにふさわしい声明で「私はあなたを愛していることに気づきました」。ほう。

元恋人が戻ってきたいからといって、戻ってこなければならないとは限りません。再発は神のしるしではありません。ただ、再発です。そして、あなたの仕事は、今回それが本物かどうかを分析することではありません。

あなたの仕事は、今度は自分を傷つけたのと同じ場所に戻る意思があるかどうかを自問することです。

最初:立ち止まって呼吸する

暑さの中で反応しないでください。希望を冷やさないでください。正気を保ちましょう:メッセージを保存し、一歩下がって、自分が愛だと感じているのかどうか自問してください...または既知のものへの依存症。時々、その人が恋しいのではなく、ルーチン、承認、誰かの隣で持っていた役割が恋しいことがあります。

第二に、なぜ終わったのかを思い出す

憂鬱からではなく、明晰さから覚えておいてください。何があなたを泣かせたのですか?そこにいる間、あなたのどの部分がオフになりましたか?退職するのにどれくらいの費用がかかりましたか?会話を読み直したり、日記を見

直したり、一緒にその過程を生きた友人と話したりすることで、再び集中することができます。健全な愛は、不用意に去ったり、あなたを失ったときにのみ現れたりすることはありません。

第三に、言葉ではなく意図を評価する

彼はあなたを愛しているから戻ってくるのでしょうか、それともあなたが前進するのを見るのが耐えられないからですか?彼はあなたが強いのを見て戻ってきますか、それともあなたが傷つきやすいと知ったときに戻ってきますか?それは新しい事実を持って戻ってくるのでしょうか、それとも同じリサイクルされた約束を持って戻ってくるのでしょうか?証拠のない「私は変わった」は何の価値もありません。真の悔い改めは見られるのであって、言われるのではありません。

第四に:懐かしさではなく、しっかりと決める

ドアを開けないことに決めたなら、それはあなたのために任せてください。怒りからではありません。プライドからではありません。平和のために。尊厳のために。なぜなら、あなたを大切にするためにあなたを失う必要のない愛に値するからです。聞くことにした場合は、まだパン粉を期待していたバージョンからではなく、現在のバージョンから聴いてください。

そして、ブロックしてもそれが主張する場合は、主張することは愛ではないことを忘れないでください。それはエゴです。そして、衝動を返す愛は、通常、コミットメントにとどまるわけではありません。ですから、あなたのプロセス、あなたの平和、あなたの新しい人生など、すべてを守りなさい。

なぜなら、今回はあなたが繰り返すためにここにいるのではないからです。自分で選ばなければなりません。手が震えても。痛くても。たとえあなたの一部が「はい」と言いたいとしても。進化を選択してください。あなたの過去ではありません。あなたの元恋人にはすでにチャンスがあります。今、あなたはそれを手に入れました。あなたと。絶えず。

関係が終わった理由のリマインダー

心が癒され始めたが、心が懐かしくなると、有名な「そんなに悪くなかったかもしれない」、「誇張したに違いない」、あるいは古典的な「両方を変えて今回はうまくいくかもしれない」が現れる。いいえ。高い。呼吸する。それは宇宙があなたにサインを与えているのではなく、あなたの記憶があなたをだましているのです。そのため、その関係が終わった理由を、明確で直接対決し、砂糖を加えていないことを思い出させる必要があります。そうしないと、自分の傷をロマンチックにしてしまう危険があるからです。

1. 付き添っても孤独を感じた

感情的に存在しないパートナーは仲間ではなく、空の鏡です。あなたはそこにいましたが、無視され、聞かれず、見られていないと感じました。そして、時間が経つにつれて、それはどんな議論よりもあなたを壊しました。

2. 自分だけのものではないものを救おうとして疲れ果てた

あなたは自分の役割を果たしました。多すぎます。あなたは正当化し、許し、得られなかった機会を与えました。しかし、関係はパッチ、犠牲、一方的な希望の上に築かれるものではありません。あなたがボートを押すだけでは愛ではありません。

3. あなたは私たちを悩ませるために自分自身を無効にしました

あなたは何が自分を傷つけたのかについて沈黙を守っていました。あなたは適応しました。あなたは屈服しました。あなたは平和を保つために最も自由でない自分になりました。そして、あなた自身でいるのをやめるよう要求したその「愛」は愛ではありませんでした。それはコントロール、恐怖、または依存でした。

4. あなたは自分にふさわしいほど評価されなかった

おそらく微妙な軽蔑があったのでしょう。絶え間ない批判。無関心。あるいは、単に相互関係の欠如が感情的に空虚になっただけです。あなたの世話をしない、あなたを尊重しない、あなたを祝わない愛…それは愛ではありません、どんなにキスがあったとしても。

5. 彼らはあなたの信頼を裏切った(そして傷跡はまだ燃えています)

裏切り、嘘、不貞、または多くの小さな失望があなたを警戒させました。あなたはいつも「感情探偵」モードに入っていました。そして、監視が必要な関係は家ではありません。冷戦だ。

6. マントラとして自分自身に繰り返したにもかかわらず、あなたは幸せではありませんでした

あなたは、そのように感じるのは普通のことだと自分に納得させようとしました。すべてのカップルがこれを経験するということです。もしかしたら、問題はあなただったのかもしれません。しかし、あなたの体は嘘をつきません。眠れない夜、涙、絶え間ない疑い...それはあなたの直感が叫んだのです。

7. デートには多額の費用がかかるので、戻ってみると裏切られることになります

去ることがどれほど痛かったかを忘れないでください。戻らないためにどれだけ自分と戦ったか。自分のルーティン、自尊心、アイデンティティを再構築するのにどれくらいの費用がかかりましたか?帰るのはロマンチックではありません。目を開けたまままた自分を壊すのです。

これらの思い出は、憎むべきでも、恨みを抱いて生きるべきでもありません。彼らはあなたを地に足をつけ続けるためのものです。それがあなたの場所ではなかったことをすでに示したものに戻らないようにするためです。なぜなら、甘い思い出で心が柔らかくなるときはいつでも、これらのモチーフはあなたに完全な真実を思い出させるものだからです。そして真実は明らかです:あなたはもっと価値があるからカミングアウトしたのです。そして、あなたにはまだそれに値します。忘れないで ください。もう二度と。

弱いときの「脱出計画」を持つ

なぜなら、はい、それは起こるからです。灰色の日、眠れない夜、危険な歌、あるいは単に「こんにちは、元気ですか?」と書きたいという欲求で胸を襲う孤独の突風があるでしょう。そしてその瞬間、あなたの感情的な脳は言い訳を探し(「大丈夫かどうか知りたいだけです」)、あなたのエゴはあなたを見逃していないか確認したいと思うでしょう、そしてあなたの傷は、もしかしたら、もしかしたら、戻ってくるべきだと叫ぶでしょう。だからこそ、弱さが準備ができていない状態であなたを捕まえる前に、脱出計画が必要です。

1. あなたの「感情的な緊急ボックス」

文字通り、または象徴的に、フレーズ、日記、パワーソング、またはそれほど多くの痛みから自分自身にさえ気づかなかった写真など、あなたがカミングアウトした理由を思い出させるリストを用意してください。現在の自分は、将来の自分が揺らいだときに守らなければなりません。道に迷わないように手がかりを残してください。

2. 具体的なアクションのリストを作成する

– 再発させてくれない友人に電話してください

– 携帯電話なしで散歩に行く

– 浄化の儀式のようにシャワーを浴びてください

– この本またはこの章をもう一度読んでください

– 主人公が元恋人と復縁しない映画を上映する

弱った瞬間には、脳には深い反省ではなく構造が必要です。

3. 予防的ブロック：アクセスなし、再発なし

オンラインで見ると誘惑されることを知っているなら、ストーリーがあなたを不安定にすることを知っているなら…ミュート、カット、ブロック。彼を罰するためではありません。あなたを守るために。そして、「好奇心から」ロックを解除した場合は、ドラマチックさなく再びロックしてください。あなたの平和は、その疑いよりも価値があります。

4. 再発を断ち切る短い文章を持つ

「戻ってきたらまた道に迷う」や「愛情を懇願しないとすでに約束した」などのフレーズを書いて、鏡や壁紙、冷蔵庫のドアに貼り付けます。衝動的な瞬間には、明確なフレーズがアンカーになることができます。

5. 自分自身と契約を結ぶ

彼に手紙を書いたり、再発したりする前に、リストにある少なくとも3つのことを行うことを自分に約束してください。その後も戻ってきたいと思っているなら...わかりましたが、プロセス全体を実行してください。10人中9人は、やりたくないでしょう。

6. 覚えておいてください: それは感情であり、命令ではありません

スランプがあるからといって、行動を起こすべきではありません。戻りたいという欲求は感情的な渇望のようなもので、それを手放すと下がります。その場で「理解」する必要はありません。ただ呼吸し、抵抗し、衝動に支配されないようにしてください。

計画を立てたからといって弱くなるわけではありません。それはあなたを賢くします。なぜなら、それは感情ではなく、一時的な感情によって築き上げてきたすべてを破壊させないことだからです。あなたの平和は、ノスタルジーの夜に交渉されるものではありません。脆弱な瞬間に備えてください...それはあなたを愛することの一部でもあるからです。

元恋人のいない未来を想像する

サイクルを閉じることは、過去を手放すことを意味するだけでなく、これから起こることを想像するスペースを開くことでもあります。そして、関係から抜け出すとき、それは不可能に思えます。あなたの心は、何があったのか、何があったのか、そして何がもうないのかを中心に回転し続けます。元恋人のいない未来を想像するのは簡単ではありませんが、不可欠です。生き残るのをやめる瞬間です...作成します。

いいえ、すべてがあなたを滑り落ちさせながら、白いドレスを着てビーチで一人で踊っている自分を想像することではありません。それは、その物語によってもはや定義されていないあなたのバージョンを視覚化することです。悲しみをバックパックに、恐怖を羅針盤に背負わない女性。完全だと感じるためにパートナーがいなくても、「彼はこれについてどう思うだろうか?」と自問することはもうなく、「これは私にとって良いことなのか?」と自問する女性です。

自分の未来を視覚化することは、新しいリファレンスを構築することです。携帯電話をチェックせずに安心して目覚めることを想像してみてください。新しい友達と大声で笑う。いつも先延ばしにしていたことを勉強すること。一人で旅行する、またはあなたに加わる人と一緒に旅行する。あなたの好きなものすべてで飾られ、誰も批判しないあなたの空間に住んでいます。彼が興味がなかったために、あなたが以前にやらなかったことをしました。

もしかしたら、あなたはプロジェクトを主導している自分自身を強く想像しているかもしれません。あるいは、静かに庭を耕します。または、片道航空券で飛行機に搭乗することで無料です。どうやってかはそれほど重要ではありません。重要なことは、誰かが始めるのを待っているわけではないということです。

そして、その未来を想像するのが難しい場合は、不安のない一日、自分で作る食事、涙を流さずに眠りにつく夜など、小さな断片から始めてください。未来は映画としてはやって来ません。それはあなたが書くことに決めた新しいシーンで登場します。

元恋人のいない自分の人生を想像するとき、あなたは彼を消しているのではなく、彼を正当な場所に残しているのです。あなたの存在の中心ではなく、あなたの歴史の一部です。そうすることで、最も重要なもの、つまりあなたへの扉が開かれます。フィルターなし。

不敵。自分のものでなくなったことを繰り返すことなく。

未来は「来る」ものではありません。未来とは、あなたが今日、あらゆる決断、あらゆる境界線、あらゆる自己愛の行為で築いているものです。そして、その未来は、たとえまだはっきり見えていなくても、もはやその影を輝かせる必要はありません。なぜなら、今回は太陽が昇るからです。あなたのためだけに。

デジタルデトックス:フォロー解除、ミュート、アーカイブ

今日、別れは「さようなら」と言っただけでは終わりません。デジタルクリーニングをすると終わりです。なぜなら、いくら感情的にブロックしても、インスタグラムで元恋人が笑顔を浮かべて怪しいほど間接的なフレーズを載せたり、「あなたがいなくても私がどれほど良いか見てください」コースを卒業したように見つめるのを見続けると...あなたの心は決して手放すのをやめません。そしてあなたの心は、それほどではありません。

デジタルデトックスはドラマではなく、セルフケアです。それは過激であることではなく、現実的であることです:毎日傷を覗き見し続けると癒すことはできません。

1. フォローを解除することは未熟ではありません。それは賢いです。

インスタグラムにアクセスするたびに、相手が誰かを好きになったり、「新しいステージ」の写真をアップロードしたりして苦痛を感じたら、何が得られるのでしょうか?何もない。不安だけ。元恋人、その友人、家族、または周囲の感情的な衛星をフォローしないことは復讐ではありません。それは精神衛生です。

2. ミュート: 進行中の勇敢な人のための中間ステップ

まだカットする準備ができていない場合は、ミュートしてください。ストーリー、投稿、通知。あなたの視界から、ループから外れます。彼がまだ生きていることを確認するために、彼の行動をすべて見る必要はありません。悲しい結末で同じ映画を繰り返すような感情的な映画館にいる必要はもうありません。

3.アーカイブ: それでも手放せない場合は、切らずに掃除してください

写真、メッセージ、思い出。カットする準備ができていない場合は、アーカイブします。それはあなたをノスタルジーに閉じ込めるすべてのものを視覚的な範囲から取り除きます。すべてを破壊する必要はありませんが、危険ゾーンから移動する必要があります。悪い日+古い写真=再発が確実だからです。

4. 実際のルールで監視を止める

「7日間は彼のプロフィールを見直すつもりはない」、「入ったら、その後の気持ちを書き留めなければならない」など、自分自身との境界線を設定してください。そして、もし落ちたら...自分を責めないでください。しかし、自分自身を正当化することもしないでく

ださい。そうすることであなたに残された感情の落ち込みに注目してください。それが同じことを繰り返さないための最高の動機です。

5. 長時間の感情の浄化を行う

意味をなさなくなった会話を削除します。まだ言及されているグループから離れてください。引きずり下に引っ張る曲を削除します。過去ではなく、あなたが中心となるデジタル空間を作りましょう。

真のデジタルデトックスは彼に関するものではありません。それはあなたのことです。どこにもつながらない窓を開けるのをやめることについて。あなたの声が聞こえるように外部のノイズを消すことについて。そして何よりも、ノスタルジーがドアをノックするたびに、「彼が何をしているのか見たかっただけ」と偽装してあなたを選ぶことについて。

あなたの平和は一目見ただけの価値があります。あなたの進歩は、物語以上のものです。そしてあなたの威厳は...アルゴリズムと交渉しません。

物や記憶をどうするか

愛の決闘の中で、彼が貸してくれたセーター、彼があなたに書いた手紙、すべてが完璧だったかのように額装された幸せな写真に出会う瞬間が来ます...そして、過去が決して消えなかったかのように飛び込んでくるように感じます。それをどうするか?投げる。セーブ。悪意の歌のリズムに合わせてカタルシスのあるキャンプファイヤーで燃やす?ネタバレ:場合によります。しかし、明らかなことは、あたかも何もないかのように振る舞うことはうまくいかないということです。それに立ち向かう時が来ました。

1. 視覚的なレビューだけでなく、感情的なレビューを行う

それぞれのオブジェクトを見て、自問してください:これは幸せなバージョンの私を思い出

させますか、それとも開いた傷を思い出させますか?過去から来たものすべてが残るに値するわけではありません。アンカーの思い出もあります。その他、鏡。その他...懐かしさの形をしたゴミ。

2. トランジションボックスを作成する

完全に手放す準備ができていない場合は、すべてを箱に保管してください。「カッシーの墓箱」など、何でもいい。重要なことは、これらのオブジェクトは目に見えず、幽霊のように部屋をセンスの良いもので飾るということです。手の届きにくい場所に保管してください。6ヶ月以内に見逃さなかったら...あなたは何をすべきか知っています。

3. 感情的な重みがないものを譲渡、寄付、またはリサイクルする

Tシャツ、非人間的な贈り物、決して自分のものではなかった本。彼らがあなたを壊さな

ければ、彼らはあなたを縛りません。それらを物理的な空間から取り出して、感情的な空間もクリアにし始めてください。なぜなら、「あったもの」が占めている場所は、「来るかもしれないもの」が使っている場所と同じだからです。

4. 必要に応じて燃やしたり、壊したり、切ったりします（はい、本当に）

傷つく手紙、再発させる写真、約束破りを象徴する物などがあると...儀式をする。ドラマ『クイーン』に火をつける必要はありません(魅力的に聞こえますが)。しかし、最後の手紙を書き、痛いものを壊し、物理的な行動でサイクルを閉じることはできます。時々、体は魂が終わったことを理解するためのジェスチャーを必要とします。

5.デジタル: 写真、メッセージ、カウントも

ギャラリー、ネットワーク、ファイルをクリーンアップします。胃が回転するとわかっていることを消してください。まだできない場合は、隠しフォルダを作成します。ただし、レビュー日を設定してください: あなたの癒しは、フィルター付きの自撮り写真のコレクションや期限切れの約束に依存することはできません。

6. 何を残すことに決めたとしても、執着ではなく自己愛から来るようにしましょう

あなたが本当に大切にしているものがあり、それがあなたを傷つけず、それが関係を超えたあなたの個人的な物語の一部であるなら、それを敬意を持って保管してください。しかし、それによって前進を止めたり、それを見るたびに後退したりしないでください。記憶は残ることができます...捕まらない限り。

あなたのスペースはあなたのプロセスを反映しています。そして、前進したいのであれば、あなたを妨害するのではなく、あなたを支えてくれるものを取り巻くものが必要です。物を捨てているわけではありません。体重が減っています。あなたは新しいもののためのスペースを作っています。あなたは宇宙に、そして自分自身にこう言っています:私は自分が経験したことを忘れませんが、私はもはやそこに閉じ込められていません。そしてそれを。。。それは解放です。

孤独と孤独の違い

見た目は同じですが、そうではありません。一人でいることは状況です。孤独を感じることは感情的な状態です。1つは外部、もう1つは内部です。人に囲まれて孤独を感じることも、完全に孤独で安らぎを感じることもあります。そして、別れた後、その違いは決定的になります。孤独から逃げているわけではないから…あなたは自分自身から切り離されたときに生じる空虚さから逃げているのです。

一人でいるということは、ある時間に物理的な仲間がいないことです。一人で夕食をとったり、計画なしで週末を過ごしたり、スペースが広くなったベッドで寝たりすることができます。文字通りです。それは中立です。そして時には、それさえ必要です。それは、あなたの内なる声が他人の騒音と競争するのをやめる空間です。

一方、孤独は感情的なものです。それは見捨てられ、忘れられ、誤解されているという感覚です。一人でいるときは必ずしも現れるわけではありません。時には、自分の声が聞こえない関係の途中で、元気なふりをするパーティーで、あるいは中で崩れながら笑う会話でも出てくることがあります。孤独とは、自分自身、他者、自分にとって意味のあるものとのつながりの欠如です。

別れた後、私たちはいつも二人を混同します。私たちが一人でいることを恐れるのは、これが空虚感と同じだと信じているからです。しかし、違います。痛いのは、その人がいないことではなく、彼らが残した沈黙をどうしたらいいのかわからないことです。問題は自由時間ではなく、目的、感情的な交友関係、内部構造の欠如です。

良いニュースは、逃げずにそこに住むことを学べば、一人でいることが安全な場所になるということです。それは、共有しなくても好きなものを発見し、自分を正当化せずに自分自身と笑い、注意を懇願することなく自分自身を抱きしめる空間になることができます。

孤独は外部の会社によって治されません。内部の存在で安心します。そして、孤独を感じずに一人でいることを学ぶと、そばに誰かがいるからといってパンくずを受け入れるのをやめます。なぜなら、あなたはもはや沈黙を恐れていないからです。なぜなら、自分に価値を感じるために誰かに選んでもらう必要はもうないからです。

一人でいることは自由です。孤独は、自分自身と出会うために渡る橋です。そして、その橋を渡ると...後戻りはできません。なぜなら、真実の愛は誰かがあなたの空虚さを埋めてくれるときに来るのではなく、あなたがその人を恐れるのをやめたときに来ることに気づくからです。そして、そこからすべての新しいことが始まります。

超能力としての感情的自立

何年もの間、私たちは真実の愛がお互いを必要としていると信じ込まされてきました。誰かのために苦しまなければ、それは激しいことではありません。痛くなかったとしても、深くはありませんでした。「全体」であることは、別の隣にしかあり得ませんでした。しかし真実は、感情的な自立は愛を台無しにしないだけではないということです...それはそれをより現実的で、より健康的で、より強力にします。なぜなら、誰かが生きている、自由、または十分だと感じてくれる必要がなくなると、あなたは自分自身の源になるからです。そして、それは、親愛なる、超能力です。

感情的に自立しているからといって、愛情を感じない、愛していない、または愛情を必要としないという意味ではありません。愛されていなくてもバラバラにならないという意味だ。すべてが動いているときに自分自身を保持できること。どんなに恋をしていても、自分の安定を誰の手にも渡さないこと。

誰かの目を見て、「愛しているけど、あなたが幸せになる必要はない」と言うことです。それは、一人でいることへの恐怖からではなく、欲望から離れることを選択することです。それは、あなたの世界が崩壊することなく「ノー」を聞くことができることです。それは、自分のスペースを失うことなく、他者のためのスペースを確保することです。

感情的に自立しているとき:

— パンくずを受け入れるのは、自分自身に飢えていないからです。

- 見捨てられるのを恐れて、自分のニーズについて黙ってはいけません。

— 誰かを感情的にやりくりして留まることはありません。

— 愛情を懇願したり、答えを求めたり、沈黙だけがあるところに終結を求めたりしません。

この超能力を持っているからといって、冷たく近づきのできない岩になるわけではありません。それはあなたを、もはや平和を交渉しない女性に変えます。欠乏からではなく、自由を愛する人に。空虚さを感じずに一人でいられる人の中で…そして彼女であることをやめずに行きました。

一番良いところ?この力を持って生まれる必要はないということ。栽培されています。
日々。決定ごとに。制限から制限へ。それは癒しの結果であり、自分自身を知り、誰かが助けに来るのを待たずに転んで起き上がった結果です。

そして、何かが変わると、より本物で、よりバランスのとれた、より正直な絆が引き寄せられます。なぜなら、あなたが自分を捨てなくなったとき、他の誰もあなたが気づかないうちにそれをすることができないからです。

感情的な自立は愛に対する盾ではありません。それはより良い愛の基盤です。だって、もう誰も呼吸する必要がなくなったとき...そうすれば、飛行機に乗る準備は完了です。あなたの軸上。あなたの中心に。あなたの所有物で。そして今回は倒れない。あなたは立ち上がります。

また外出する準備ができていることはいつわかりますか?

正確な日付も、魔法の公式も、ある日鳴り響いて「おめでとう、あなたは元恋人を乗り越えた、外に出てまた恋に落ちなさい」と言うアラームもありません。また外出する準備ができているかどうかを知ることは、カレンダーに依存しません...それはあなた次第です。そして、それは何週間経過したかによって測定されるのではなく、過去から逃げたり、感情的なパッチを探したりしなくなったときの気分によって測定されます。

最初に選択すれば準備完了です。もはや空虚から気をそらすのではなく、充実感から分かち合おうとするとき。あなたに微笑む人を理想化しなくなったとき。注意とつながりを混同しなければ、沈黙することで通知をオンにしても不快感が軽減されるからといって、最初に手紙を書いた人にしがみつくことはありません。

元恋人に会ってももう動かないときは、準備はできています。嫌いだからでも気にしないからでも、それがもはや物語の中心を占めていないからです。なぜなら、新しい人に出会うたびにそれを比較することはもうないからです。なぜなら、「私も人生を再建できる」ことを、まるでインスタグラムとの感情的な競争のように証明したいという衝動を感じないからです。

自分自身をよりよく知れば、準備は完了です。自分が何を望んでいるのか、何を容認しないのか、人間関係で何が必要か、どのような間違いを繰り返すつもりがないのかを知っているとき。あなたの限界が、どんな注目の波でも解けてしまう砂の城ではなくなったとき。

また、一人でいて、心痛ではなく平安を感じることができるとき、あなたは準備ができています。デートが選択であり、必要ではないとき。なぜなら、最も健全な愛は、誰かがあなたを救ってくれることを切望しているときではなく、あなたを救ってくれる人はいないことにすでに気づいているときに来るからです。

そして、もしあなたが自問すると、しかし、私は再び心を開くのが怖いですか、それは普通のことです。恐怖は準備ができていないという兆候ではありません。それはあなたが学んだというサインです。重要なことは、傷から、それとも治癒から、どこから決めるかです。空腹からですか、それとも欲望からですか?

だから急いではいけない。外部からの圧力や孤独の管理が不十分で、自分のリズムをスキップしないでください。時が来ればわかるだろう。違った感じがするでしょう。静か。もっと正直に。もっとあなた。そして今回は、自分自身を完成させるのではなく、恋に入るつもりです...しかし、あなたと共有するためです。全部。コンシャス。無料。そして、最初からやり直すことを恐れることなく。

「リバウンド」関係を避ける

心が半分怖がり、自尊心が揺れ動いたまま別れから抜け出したその時、新しい誰かが現れる。彼はあなたに優しく微笑み、あなたの話を聞いてくれ、あなたのメッセージに素早く反応し、突然あなたは蝶を感じます...あるいは、少なくとも少しは安堵します。そして、そのとき、有名な「バウンス」が登場します。その関係は実際には新しい始まりではなく、まだ閉じていないものの感情的な延長です。

リバウンド関係は、多くの場合、強烈で、緊急性があり、魔法のようにさえ思えます。しかし、それらはつながりたいという本物の願望から生まれたものではありません。それらは空虚への恐怖から生まれます。たとえ心の中でまだ振り返っているとしても、すでにすべてを克服したことを示すという願望の。そして、注意を払わないと、チャンスのように思えたものが、処理しなければならないことさえ知らなかった別の感情的な悲しみになってしまうのです。

リバウンド関係に入っているかどうかはどうやってわかりますか?

— それがあなたに栄養を与えるからではなく、気を散らすから平和を与えるなら

— 新しい人を知るよりも元恋人を忘れることに重点を置いている場合

— 自分の気持ちをよく知らずにすぐに適応しすぎている場合

— 生まれるものに興奮するよりも、一人でいるのが怖い場合

— 「これは、これほど多くの痛みの後に私が必要としていたものです」などのフレーズで

絆を理想化すると（驚くべきことに、おそらくそうではありません）

リバウンド関係の問題は、新しい人ではありません。それは、あなたがまだ感情的に別の物語の中にいるということです。そして、自分だけが埋めることができる空白を埋めるために誰かを利用することは、意図しない方法であなたを傷つける方法です...そしてもう一人。

それで、何をすべきでしょうか?

-呼吸する。すべての恋愛対象をすぐに探求する必要はない。

— 一致を暗示することなく、人に会う許可を自分に与えてください。

— 自分自身に正直になりましょう: ¿愛情を求めていますか、それとも承認を求めていますか?

—癒しはレースではないことを忘れないでください。そして、しばらく一人でいることは罰ではなく、準備です。

リバウンド関係を避けることは、愛に対して自分自身を閉ざすことを意味するものではありません。それは、まだ心の中で修正されている間は、何か新しいことを始めないことを自分自身に敬意を払うことを意味します。それはあなたに言うことを意味します:私は痛みからではなく、明晰さから次の物語に入るに値します。そしてその選択は、誰も見なくても...それは最もエレガントな形の自己愛です。

新しい関係におけるコミュニケーションと限界

学びたかった以上のことを教えてくれた別れの後、再び心を開くことに決めたとき、二度と傷つかないように完全に自分を閉じること…あるいは、あたかも過去が痕跡を残さなかったかのように、すべてに身を投じる。しかし、本当に新しくて健全なものを作りたいのであれば、明確なコミュニケーションと確固たる境界線という２つのことが必要です。あなたを愛から守るためではなく、愛の中の平和を守るためです。

コミュニケーションとは、多くを話すことではなく、真実を語ることです

最初から、あなたらしく。喜ばれるバージョンでも、「激しく見えたくない」バージョンでも、負けることを恐れてすぐに適応するバージョンでもありません。彼は恐怖からではなく、中心から話します。あなたが期待していること、自分にとって良いこと、繰り返したくないことを言ってください。最初のデートでトラウマを完全に語る必要はありませんが、「私は正直さを大切にしている」、「私はゲームを求めません」、「私は絆を真剣に受け止めています」と言うことはできます。明快さは、善意を持って来ない人を怖がらせます。そして彼を祝福してください。

限は距離を置くのではなく、フィルタリングします

境界は壁ではなく、鍵をかけられるドアです。遊び方を知っている人は誰でも入ります。尊敬しない人は誰でも取り残されます。恋に落ちる前に境界線を定義する必要があります、なぜなら、心が関与すると、寛容は理解を装うからです。交渉の余地のないもの

は、タフに聞こえることを恐れずにテーブルに載せてください。適切な人はあなたの限界を恐れず、感謝しています。

健全で必要な制限の例:

「もしあなたが何の前触れもなく姿を消したとしても、それは私には向いていません。」

–「明確なつながりがなければ、毎日話すのは私には合わない。」

「あなたの気持ちを推測しなければならないような関係は望んでいません。」

–「私は冗談であっても、無礼を容認しません。」

そして、沈黙もコミュニケーションをとることを忘れないでください

彼があなたの言うことを聞かなかったり、あなたの感情を最小限にしたり、あなたの限界をからかったり、不快な会話を避けたり…それも多くのことを物語っています。あなたを理解することに本当に興味がない人には、必要以上のことを説明しないでください。あなたのエネルギーは、繰り返される説明以上の価値があります。

あなたの新しい関係は完璧である必要はありませんが、健全でなければなりません

そのためには、最初から声を上げる勇気が必要です。相手をコントロールするのではなく、本物から何かを一緒に構築することです。スペースを持って、敬意を持って、明快さを持って。

コミュニケーションはあなたをつなぎます。境界線はあなたを守ります。そして、両方を組み合わせることで、その試みに迷うことなく愛することができます。今回は違います。今回は意識を持って。今回は、あなたを中心に。いつもそうあるべきだったように。

互換性と共通の価値観の重要性

心が恋をしているとき、心は通常「何でもできる」モードになります。そしてもちろん、最初はすべてがうまくいっているように見えます:会話が流れ、化学反応があり、同じナンセンスで笑います...しかし、時間が経つにつれて、関係を本当に維持するのは、同じシリーズが好きかどうかではなく、価値観、目標、人生の見方を共有しているかどうかです。

相性は、同じ種類のピザが好きというわけではありません。それは、彼らが似たようなリズム、似たような期待、葛藤を解決する健全な方法、愛すること、気遣うこと、献身することの意味についての似たような考えを持っているということです。それは、途中で自分自身の重要な部分を残すことなく、何かを構築できることです。

共有価値観とは、恋に落ちることが日常的な出来事になったときに関係を支える目に見えない柱です。それらは、尊敬、誠実さ、忠実さ、自由、献身、家族、精神性、仕事、お金、個人の成長など、深い信念です。彼らはすべてについて同じように考える必要はありませんが、本質的なことについて考える必要があります。なぜなら、あなたが尊敬とコミュニケーションに基づいてカップルとしての生活を築くことを夢見ていて、相手が愛を感情的な責任のないカジュアルなものとして見ているなら...誰がピューレの心で終わるか推測してください。

感情的な相性も重要です。あなたが表現力豊かで、相手が自分の気持ちを話すことを避けている場合。あなたが一緒に成長することを信じていて、何かが深刻になったときに彼が逃げる場合。もしあなたが残忍な正直さを大切にし、彼が受動的攻撃的な沈黙の後ろに隠れているなら...中間点はなく、磨耗があります。

そして、それは相手を変えたり、自分自身を適応させたりすることではありません。それは、当たり前のことを説明することなく、一緒にいる人を見つけることです。「難しい」と思われないように、自分のニーズに適合したり正当化したりするために、自分の価値観を交渉する必要はありません。

なぜなら、本当の相性がある場合、愛は絶え間ない犠牲ではないからです。それは協力、流動性、重要なことについて足並みを揃えることです。違いが積み重なる可能性がありますが、それは基盤が強固で共有されている場合に限られます。

情熱を言い訳で兆候を無視しないでください。化学は燃え上がりますが、価値観は持続します。そして、同じ方向に歩いていなければ、どれだけの魅力があるかは関係ありません...遅かれ早かれ、一人で漕ぐことに飽きるでしょう。

ですから、今回は、「もしかしたらうまくいくかもしれない」という空虚さに飛び込む前に、自問してみてください:構築に必要なものはあるのでしょうか?それとも、しばらく私たちを楽しませるために必要なものは何ですか?なぜなら、あなたはもはや終了日のある関係には向いていないからです。あなたはルーツで愛を築く必要があります。そしてそれは、緊急ではなく意識的に選択することから始まります。

学んだ教訓と得た知恵

どんなに悲痛な別れであっても、すべての別れには、大惨事を装った贈り物、つまり学ぶ可能性が伴います。もちろん、最初は枕が傷つかなくなること、世界があなたに尊厳を取り戻すこと、枕に敗北の匂いがしないことだけが望まれます。しかし、時間が経つにつれて、感情のほこりが落ち着くと、何かが活性化されます:新しい明晰さ、以前は持っていなかった一種のレーダー。私たちはそれを知恵と呼びます。私たちはそれを進化と呼んでいます。私たちはそれを「今、私は何を望んでいないのか、何が気が狂ってしまうのかがわかりました」と呼んでいます。

失敗した関係はあなたを定義するものではありません。しかし、それはあなたを明らかにします。それはあなたの盲点、隠されたニーズ、ロマン主義に偽装された空虚さを示しています。そして、あえて正直に見てみると、その「間違い」は、実は冷たい手と直接的な声の教師だったことがわかります。

私たちの多くが感情的な血を流して学ぶ教訓ですが、それは金に値するものです。

— 愛することは、自分自身を失うことを意味するものではありません。

— 長時間の沈黙も反応です。

- 注目を懇願しなければならないなら、それは愛ではありません。

— 嫉妬は情熱ではなく、香水に対する不安です。

— 不安から始まったことが平和に終わることはめったにありません。

— 愛は傷つかない、傷つくのは自己愛の欠如です。

別れた後の知恵は、冷たくなったり、愛を閉ざしたりすることではありません。それどころか、それはより良い選択、兆候を早期に認識すること、より優しさを持って自分自身を大切にすること、より多くの意識を持って愛すること、そして盲目的な幻想を減らすことの問題です。

これで、付き添いを感じるために誰にも迷う必要はないことがわかりました。一人でいることは呪いではなく、チャンスです。次回は激しさをロマンチックにするのではなく、安定性を重視するつもりです。あなたは別の名前で歴史を繰り返すことに興味があるのではなく、別のペン、つまり自分のペンで新しい歴史を書くことに興味があるということです。

そして、ここにたどり着くためにそれほど苦労する価値があったかどうか疑問に思っているなら、これについて考えてみてください:あなたは今、より強く、より明晰で、より完全なバージョンのあなたです。これで、愛着と愛、注意と愛情、約束と行動を混同することはもうありません。今、あなたはもはや可能性ではなく、現実に恋をします。そしてそれを。。。それが本当の終結です。

あなたは壊れて出てきたわけではありません。あなたは目覚めて出てきました。

そして、それはおそらく最大の勝利です。

あなたの回復力と強さ

まだ気づいていないかもしれませんが、あなたはここにいます。これを読んでいます。呼吸。進んで。たまに足を引っ張っても、痛くても、どうやってここまで来たのか理解できなくても。そして、たとえソーシャルメディアで見たり、メダルを持っていなかったりしても、それは勇気の一形態です。なぜなら、自分の中のすべてが降伏を求めているときに前進することには、非常に強力な何かがあるからです。それをレジリエンスと呼びます。そして、あなたはそれを手に入れました。

レジリエンスとは、常に「強くある」ことではありません。それは涙を飲み込んだり、ふりをしながら微笑んだり、大丈夫だと世界に納得させたりすることではありません。レジリエンスとは、地面にとどまらずに転倒することを可能にします。それは自分自身と不快な会話をすることです。それは、マニュアルも保証もなく、再び平和を感じたいという頑固な願望だけで、断片から自分自身を再構築することです。

あなたの強さは、どれだけ手放したかではなく、どれだけ手放すことを学んだかによって測られます。「ノー」のたびに、あなたは言うのに苦労しました。たとえそうしたくてたまらなかったとしても、あなたが送らなかったすべてのメッセージに対して。一人でいることを恐れて、同じ慣れ親しんだサイクルに戻るのではなく、震えながら自分自身を選択するたびに。

いいえ、それは簡単ではありませんでした。そうじゃありません。しかし、ここにいます。傷だらけの心だけでなく、新しい明晰さ、新たな尊厳、そして以前は持っていなかった感情の羅針盤も持っています。あなたはそのすべてを構築しました。自分のペースで。勝手に。あなたがあなたの幸福のために下すすべての不快な決断で。

あなたの回復力は無敵ではありませんし、そうである必要もありません。泣いたり、たじろいだり、後退したりしても大丈夫です。大切なのは、完全に諦めていないことです。灰色の日でも、自分自身に賭け続ける必要があります。たとえほんの少しでも、最高のものはまだ来ていないと信じ続けること。

なぜなら、真実はあなたは以前と同じではないからです。あなたはもっと賢いです。もっと注意してください。あなたに対してもっと思いやりがあります。そして、今日あなたが自分の中に抱えているその強さ、外側では必ずしも目立たない強さが、次の章であなたを支えてくれるものです。傷からではなく、中心から書くものです。

ですから、敬意を持って自分自身を見てください。あなたが失ったもののせいではなく、あなたが生き残ったすべてのせいです。そして覚えておいてください:そこから抜け出すことができれば、行きたい場所にたどり着くことができるでしょう。あなたの力はもはや悲鳴を上げないからです。あなたと一緒に歩いてください。固い。セレナ。そして、今度は再び始める準備ができています...あなたが担当する。

思ったより強い

ポイントまとめ

別れを乗り越えることは、単に誰かを手放すことではなく、自分自身を取り戻すことです。不可能に思えることもあれば、耐えられると思っていた以上に痛いときもあります。しかし、一歩一歩、涙に次ぐ涙、沈黙に沈黙を重ねて、何かが癒され始めます。そして、もしあなたがここまで来たなら、もしあなたがこの読書全体を通して、もしあなたが内面を見つめる仕事をしているなら、そのすべての文字の中で思い出させてください:あなたはあなたが思っているよりも強いです。

このプロセスですでに蒔いたものを確認しましょう。

— あなたは痛みを最小限にとどめたり隠したりすることなく、痛みを認めました。近道はなく、悲しみは旅の必要な部分であることを理解しました。

— あなたは自分の感情を恐れることなく感じ、自分の悲しみ、怒り、混乱を確認し、感情に自分を定義させることなくスペースを与えることを学びました。

— ゼロコンタクトとは何か、それをどのように実装するか、そして感情の再発から離れて自分自身を再構築することがなぜ重要なのかを発見しました。

— あなたは自分自身、自分の価値観、情熱、目標、自主性、健康、そして全体的な幸福と再びつながり始めました。

— 健全な愛は真空から生まれるものではなく、価値を感じるためにリバウンドや外部からの承認は必要ないことを理解していました。

— あなたは、一人でいることは空っぽであることと同じではなく、孤独は繁栄するための肥沃な土壌になり得ることを自分に思い出させました。

— あなたは、恐怖からではなく、自尊心から、新しい人間関係において意識的なコミュニケーションと確固たる制限を実践し始めました。

— あなたはパターンを見つけ、(素朴さからではなく)心から許し、すでにあなたを壊したことを繰り返さずにもう一度選択することを学びました。

— あなたは、感情的な相性と共通の価値観が、一瞬の蝶よりも重要であることを再確認しました。

— そして何よりも、自分の回復力はどれだけの愛を与えたかではなく、どれだけ自分自身に与えたかによって測られることを理解していました。

あなたが踏み出すすべての一歩が種でした。そして、たとえ今、乱れた地球しか見ていないとしても、時間が経つにつれて、よりしっかりとした、より意識的で、より明るいバージョンのあなた方が芽生えているのを見るでしょう。あなたはもうあなたを救ってくれる人を探していません。あなたはもはや、痛みなしにそれを受け取るに値しないかのように愛を追求しません。今、あなたは新しい確信を持って歩いています:あなたが私を持っているなら、私はもう迷子ではありません。

これで終わりではありません。それは再生です。

そして、勇敢な魂であるあなたは、あなたが思っているよりもうまくやっています。

覚えておいてください: それは元恋人を生き延びることではなく、あなたをよく愛していない人を愛したときに自分自身を生き延びることです。

著者について

アリーナ・A・ルビは心理学者、作家、トレーナーであり、言葉の力と人生を変えるための傾聴に情熱を注いでいます。長年にわたり、彼女は常に温かく、敬意を払い、深く人間的な視点から、自己認識、感情の癒し、自己啓発のプロセスにおいて人々と共に働くことにキャリアを捧げてきました。

心理学を卒業したアリーナは、家族の絆、対人関係のダイナミクス、子供の頃から学んだパターンを扱うことを専門としています。その統合的なアプローチは、健全な理論と、各人のユニークな経験を綿密かつ共感的に見つめることを組み合わせたものです。彼女は個人相談、ワークショップ、グループスペースの両方で活動し、他の人が自分の心の傷の根源を理解し、健全な境界線を築き、自分自身や他者との関わり方を再定義できるよう支援してきました。

アリーナは、心理学は単なる研究分野ではなく、個人の自由への架け橋であると固く信じています。そのため、彼女は心理学の知識は誰もが利用できるべきだと確信し、執筆に時間のかなりの部分を費やしています。彼女の親しみやすく思慮深いテキストは、家族のトラウマ、罪悪感、「ノー」と言うことの難しさ、目に見えない忠誠心の重みなど、しばしばタブーなトピックを明確にしているようです。彼のスタイルは、プロフェッショナルな厳格さとシンプルでしばしばユーモラスな言葉を組み合わせて、不快かもしれないが必要な真実を消化するのに役立ちます。

臨床実践と作家としての側面に加えて、アリーナは専門家向けのトレーニング プログラムにも参加し、メンタルヘルスに焦点を当てた

コミュニティ プロジェクトにも協力しています。彼は特に予防に興味を持っており、有害なパターンが世代から世代へと永続する前に認識することを教えています。彼女にとって、家族のサイクルを断ち切ることは裏切りの行為ではなく、愛の最大のしるし、つまり同じ痛みを他人に受け継がないという意識的な決断です。

聞く力の忠実な擁護者であるアリーナは、多くの傷は、誰も真に耳を傾けることができなかった、または聞きたくなかったところから始まると信じています。だからこそ、彼は相談の中で、一人ひとりの最も傷ついた部分、怒っている部分、恥ずかしい部分でさえ、すべての声に余地を与えています。その目的は、一人一人が自分の歴史と和解し、それを意味し、より本物らしく平和に暮らすことができるようにすることです。

今日、アリーナ・ルビは執筆、出席、教育、学習を続けています。彼女の作品は、私たちは皆、他人を愛することと自分自身を尊重することのどちらかを選択する必要のない人生を築く権利があるという彼女の深い信念の証です。なぜなら、彼女にとって心理学は単なる職業ではなく、一人一人が自分の物語の意識的で思いやりのある語り手になるためのツールだからです。

www.ingramcontent.com/pod-product-compliance
Lightning Source LLC
LaVergne TN
LVHW040430051026
849517LV00002B/536